2024年度版

金融業務 級

税務コース

試験問題集

一般社団法人 金融財政事情研究会

◇ は じ め に ◇

　本書は、金融業務能力検定「金融業務2級　税務コース」の受験者の学習の利便を図るためにまとめた試験対策問題集です。

　本書は全6章からなり、各問題を通じて、基礎から実務応用力まで幅広く知識の修得ができるように配慮しました。

　金融機関職員にとって、業務上、税務知識の重要性はますます高まっているといえます。また、資産運用、不動産取引、相続・贈与対策、事業承継対策等、税金に関する知識が必要となるケースが増えています。こうした顧客ニーズに的確に対応するためには、断片的な知識ではなく、体系的、かつ、実践的な税務知識の修得が強く要請されています。

　そこで、本書は、単なる用語解説的な出題は極力避け、日常の業務遂行にあたって必要なテーマについての問題を豊富に収録しています。難易度の高い問題もありますが、ぜひともチャレンジして税務知識を活用できる力を身に付けてほしいものです。

　本書を有効に活用して、「金融業務2級　税務コース」試験に合格され、信頼される金融人としてご活躍されることを祈念いたします。

2024年6月

一般社団法人　金融財政事情研究会
検定センター

◇◇目　次◇◇

第3章　不動産と税金

◇◇目　次◇◇

第5章 法人税・消費税

━━━━━ ◇◇目　次◇◇ ━━━━━

◇◇目　次◇◇

―――〈法令基準日について〉―――

　本書は，問題文に特に指示のない限り，2024年7月1日（基準日）現在施行の法令等に基づいて編集しています。（注）

◇CBTとは◇

　CBT（Computer-Based Testing）とは、コンピュータを使用して実施する試験の総称で、パソコンに表示された試験問題にマウスやキーボードを使って解答します。金融業務能力検定は、一般社団法人金融財政事情研究会が、株式会社シー・ビー・ティ・ソリューションズの試験システムを利用して実施する試験です。CBTは、受験日時・テストセンター（受験会場）を受験者自らが指定できるとともに、試験終了後、その場で試験結果（合否）を知ることができるなどの特長があります。

　本書に訂正等がある場合には，下記ウェブサイトに掲載いたします。
https://www.kinzai.jp/seigo/

（注）令和6年度税制改正に伴い、令和6年分所得税について定額による所得税額の特別控除（定額減税）が実施されますが、本問題集では定額減税については考慮しないものとします。

「金融業務２級　税務コース」試験概要

　窓口・渉外活動において求められる各種税務知識、計算等の実務対応力を検証します。

■受験日・受験予約　　通年実施。受験者ご自身が予約した日時・テストセンター（https://cbt-s.com/testcenter/）で受験していただきます。

受験予約は受験希望日の３日前まで可能ですが、テストセンターにより予約可能な状況は異なります。

■試験の対象者　　　　金融業務３級税務コース合格者、中堅行職員または管理者層　※受験資格は特にありません

■試験の範囲　　　　　１．所得税　２．金融商品と税金　３．不動産と税金　４．相続税・贈与税　５．法人税・消費税　６．総合問題

■試験時間　　　　　　120分　試験開始前に操作方法等の案内があります。

■出題形式　　　　　　四答択一式30問、総合問題10題

■合格基準　　　　　　100点満点で70点以上

■受験手数料(税込)　　7,700円

■法令基準日　　　　　問題文に特に指示のない限り、2024年７月１日現在で施行されている法令等に基づくものとします。

■合格発表　　　　　　試験終了後、その場で合否に係るスコアレポートが手交されます。合格者は、試験日の翌日以降、合格証をマイページからPDF形式で出力できます。

■持込み品　　　　　　携帯電話、筆記用具、計算機、参考書および六法等を含め、自席（パソコンブース）への私物の持込みは認められていません。テストセンターに設置されている鍵付きのロッカー等に保管していただきます。メモ用紙・筆記用具はテストセンターで貸し出されます。計算問題については、試験画面上に表示される電卓を利用することができます。

■受験教材等　　　　　・本書
　　　　　　　　　　　・通信教育講座「３カ月マスター税務コース」

■受験申込の変更・　　受験申込の変更・キャンセルは、受験日の３日前までマ
　キャンセル　　　　　イページより行うことができます。受験日の２日前から
　　　　　　　　　　　は、受験申込の変更・キャンセルはいっさいできませ
　　　　　　　　　　　ん。
■受験可能期間　　　　受験可能期間は、受験申込日の３日後から当初受験申込
　　　　　　　　　　　日の１年後までとなります。受験可能期間中に受験（ま
　　　　　　　　　　　たはキャンセル）しないと、欠席となります。

※金融業務能力検定・サステナビリティ検定の最新情報は、一般社団法人金融
　財政事情研究会の Web サイト
　（https://www.kinzai.or.jp/kentei/news-kentei）でご確認ください。

第1章

所得税

1−1 所得税の納税義務者

《問》所得税の納税義務者等に関する次の記述のうち、最も不適切なものはどれか。

1）法人でない社団や財団で代表者や管理人が定められているものは、自然人である個人と同じとみなして取り扱われる。

2）非永住者以外の居住者は、所得が生じた場所が日本国内であるか日本国外であるかを問わず、そのすべての所得に対して所得税が課される。

3）非永住者とは、居住者のうち日本国籍がなく、かつ、過去10年以内の間に日本国内に住所または居所を有する期間の合計が5年以下である個人を指す。

4）非永住者は、国外源泉所得以外の所得と国外源泉所得で日本国内において支払われた、または日本国内に送金されたものに対して所得税が課される。

・解説と解答・

1）は、不適切である。所得税の納税義務者を居住者、非居住者、内国法人、外国法人の4つのグループに分けてそれぞれ納税義務を定めている。法人でない社団や財団で代表者や管理人の定めがあるものは、法人とみなされる。

個人の納税義務者の課税所得の範囲は、次のとおりである。

		国外源泉所得以外の所得		国外源泉所得	
		国内源泉所得		国内払い	国内送金
居住者	非永住者以外の居住者	課税			
	非永住者	課税			—
非居住者		課税	—		

<u>正解　1）</u>

1－2　青色申告

《問》個人の青色申告に関する次の記述のうち、最も適切なものはどれか。

1）事業所得を生ずべき事業を行う青色申告者が青色事業専従者に支払った給与の金額のうち、86万円を超える部分の金額については、事業所得の金額の計算上、必要経費に算入できない。

2）青色申告者の事業所得について生じた損失の金額を他の所得と損益通算してもなお残った損失の金額は、一定要件のもとに、翌年以降最大3年間繰り越して各年分の総所得金額等の金額の計算上、控除することができる。

3）不動産所得を生ずべき業務を行っている者は、その業務が事業的規模に至らない限り、青色申告者にはなれない。

4）55万円（電子申告要件等を満たす場合は65万円）の青色申告特別控除額は、所得税の確定申告において期限後申告をする場合でも適用が受けられる。

・解説と解答・

1）不適切である。適正な金額であれば、届け出た金額の範囲内で全額を必要経費に算入できる。

2）適切である。なお、純損失は前年分の所得に対する税額から還付を受けることもできる。

3）不適切である。不動産所得を生ずべき業務を行う者が青色申告者になれるかどうかについて、事業規模は問われない。なお、不動産所得を生ずべき不動産等の貸付けが事業として行われているか否か（事業的規模か業務的規模か）により、不動産所得の金額の計算において、必要経費（青色事業専従者給与及び事業専従者控除額、青色申告特別控除など）の取扱いが異なる。

4）不適切である。55万円（電子申告要件等を満たす場合は65万円）の青色申告特別控除額は、期限内申告の場合のみ適用される。

正解　2）

1－3　非課税所得

《問》次のうち、所得税の非課税所得に該当するものはどれか。
1）法人から贈与により取得する金品
2）給与所得者が勤務先から受け取る一定の「住宅手当」としての金銭
3）心身に加えられた損害に対する損害賠償金
4）国民年金から受け取る老齢基礎年金

・解説と解答・

　政策上または課税技術上の観点から所得税の課税対象とされない所得があり、これを所得税の非課税所得という。

　非課税所得は、所得税法や租税特別措置法だけでなく、その他の法令によって定められているものもある。

1）該当しない。一時所得または給与所得に該当する。なお、個人から贈与により取得する場合には、贈与税の課税対象とされるため、所得税の非課税所得となる。

2）該当しない。給与所得に該当する。なお、勤務先から社宅の提供を受ける場合の経済的利益については、一定の非課税の制度が設けられている。

3）該当する。交通事故などのために、被害者が治療費、慰謝料、損害賠償金などを受け取ったときは、これらの損害賠償金等は非課税となる。ただし、これらの損害賠償金のうちに、その被害者の各種所得の金額の計算上必要経費に算入される金額を補填するための金額が含まれている場合、その補填された金額に相当する部分は、各種所得の収入金額とされる。

4）該当しない。雑所得に該当する。なお、障害年金や遺族年金は非課税所得となる。

正解　3）

1 － 4　事業所得

《問》事業所得に関する次の記述のうち、最も不適切なものはどれか。

1) 納税者と生計を一にする親族の所有する家屋を納税者の事務所として使用している場合、当該納税者がその親族に支払う事務所の家賃は、その納税者の事業所得の金額の計算上、必要経費に算入されない。

2) 納税者と生計を一にする親族の所有する家屋を納税者の事務所として使用している場合、当該納税者がその親族に支払う事務所の家賃は、その親族の所得の金額の計算上、収入金額には算入されない。

3) 納税者が計上した減価償却費の額が所得税法上の法定償却額を超えた場合、その超えた部分の金額は、原則として必要経費に算入されない。

4) 事業所得を生ずべき事業の用に供していた減価償却資産を売却して損失が発生した場合、その損失額は事業所得の金額の計算上、必要経費に算入できる。

・解説と解答・

　事業所得の金額は、「総収入金額－必要経費」により計算される。必要経費とされるものは、売上原価、その他当該総収入金額を得るために直接要した費用およびその年分の販売費、一般管理費、その他事業所得を生ずべき業務について生じた費用である。

1) 適切である。生計を一にする親族に支払った対価（給与・店舗使用料・支払利息等）は、必要経費にならない。

2) 適切である。生計を一にする親族の受け取った対価はなかったものとされる。

3) 適切である。

4) 不適切である。譲渡所得の損失となり、損益通算を行うことになる。減価償却資産を売却して譲渡益が生じた場合、原則として、その譲渡益は総合課税の譲渡所得の金額に算入する。

正解　4)

1-5　不動産所得

《問》不動産所得に関する次の記述のうち、最も不適切なものはどれか。
1）礼金収入（退去時返還不要のもの）は、不動産所得の金額の計算上、収入金額に算入される。
2）不動産所得については、その貸付規模が事業的規模でなくても、所轄税務署長に届け出て承認を受ければ、青色申告をすることができる。
3）その貸付規模が事業的規模でない不動産所得においては、その所得の金額の計算上生じた損失の金額（赤字）は、原則として他の所得の黒字の金額と損益通算することができない。
4）その貸付規模が事業的規模である青色申告者は、不動産所得の金額の計算上、青色事業専従者に対して支給する業務の対価として適正な額の給与について、一定の要件のもとに必要経費に算入できる。

・解説と解答・

1）適切である。
2）適切である。不動産所得、事業所得、山林所得については、青色申告することができる。不動産所得については、事業的規模でない場合で、不動産所得のみ有するときは55万円（電子申告要件等を満たす場合は65万円）の青色申告特別控除額を控除することはできず、10万円控除のみとなる。
3）不適切である。不動産所得について、その所得の金額の計算上生じた損失の金額は、原則として、事業的規模でなくても他の所得の金額と損益通算することができる（いわゆる資産損失に該当する損失によるものは除く）。
4）適切である。不動産所得が事業的規模（通常、5棟10室基準で判断）であれば、届出をすることによって青色事業専従者に支払った給与を必要経費に算入することが認められる。

正解　3）

1－6　給与所得

《問》所得税の給与所得に関する次の記述のうち、最も不適切なものはどれか。

1）交通機関を利用して通勤している給与所得者に対して、勤務先から支払われる通勤手当は、15万円を最高限度として非課税とされる。

2）給与所得の金額の計算における給与所得控除の上限額は、2024年分の所得税については195万円となる。

3）給与所得者が支出した特定支出の額の合計額が給与所得控除額を超えた場合、給与所得者の特定支出の控除の特例の適用を受けることができる。

4）所得金額調整控除とは、給与所得者の総所得金額を計算する場合に、一定の金額を給与所得の金額から控除するもので、「子ども・特別障害者等を有する者等の所得金額調整控除」と「給与所得と年金所得の双方を有する者に対する所得金額調整控除」がある。

・解説と解答・

1）適切である。通勤手当の非課税限度額は、15万円である。

2）適切である。

3）不適切である。特定支出の額の合計額が給与所得控除額の2分の1相当額を超える場合に、給与所得の金額の計算上、その超える部分の金額を給与所得控除後の金額から控除することができる。転任に伴う転居・単身赴任者の帰宅のために通常必要とされる支出、職務に直接必要な技術や知識を得ることを目的として研修を受けるための支出、職務の遂行に直接必要な資格を取得するための支出も特定支出の対象となる。

4）適切である。控除額は、次のとおりである。

子ども・特別障害者等を有する者等の所得金額調整控除額＝｛給与等の収入金額（1,000万円超の場合は1,000万円）－850万円｝×10%

給与所得と年金所得の双方を有する者に対する所得金額調整控除＝｛給与所得控除後の給与等の金額（10万円超の場合は10万円）＋公的年金等に係る雑所得の金額（10万円超の場合は10万円）｝－10万円

正解　3）

1－7　退職所得(1)

> 《問》退職所得（特定役員退職手当等および短期退職手当等に係るものを
> 除く）に関する次の記述のうち、最も不適切なものはどれか。
> 1 ）退職所得の金額は、退職手当等の収入金額から退職所得控除額を控
> 除した残額の2分の1の金額である。
> 2 ）退職所得控除額は、定年による退職で勤続年数が20年超の場合、勤
> 続年数20年について1年当り40万円、20年を超える年数について1
> 年当り70万円である。
> 3 ）その年の所得が退職所得のみの場合であっても、一定額以上の医療
> 費があれば、確定申告によって所得税が還付される場合がある。
> 4 ）退職所得の金額を確定申告する場合、基礎控除等の所得控除は控除
> できない。

解説と解答

1 ）適切である。ただし、勤続年数が5年以下であるものに対する退職手当等
として支払を受けるもので、特定役員退職手当等に該当しないものは「短
期退職手当等」とされ、その退職所得金額は、下記のとおりとなる。
①短期退職手当等の収入金額－退職所得控除額≦300万円の場合の退職所
得金額＝（短期退職手当等の収入金額－退職所得控除額）×1／2
②短期退職手当等の収入金額－退職所得控除額＞300万円の場合の退職所
得金額＝150万円＋｜（短期退職手当等の収入金額－（300万円＋退職所得
控除額)｜

2 ）適切である。1年未満の勤続年数は、切り上げられる。

3 ）適切である。退職所得の金額も、確定申告することにより、所得税が還付
される場合がある。

4 ）不適切である。退職所得の金額を確定申告する場合でも、医療費控除、基
礎控除などの所得控除は控除できる。ただし、所得控除の金額は、まず総
所得金額から控除されるので、総所得金額から全額控除されてしまった場
合は、退職所得の金額から控除する余地はない（退職所得の金額から控除
されるのは最後である）。

正解　4 ）

1－8 退職所得⑵

《問》退職金に係る課税に関する次の記述のうち、最も適切なものはどれか。

1）退職金を受け取る際に源泉徴収される所得税額の計算において、その退職者に係る扶養控除等の所得控除の金額は控除されている。

2）退職金は申告分離課税なので、他の所得と総合課税されることはなく、他の所得の赤字の金額と損益通算することはできない。

3）退職者が「退職所得の受給に関する申告書」を支払者に提出していない場合、その退職金の金額から20.42％の税率による所得税（復興特別所得税を含む）が源泉徴収される。

4）会社に勤務する者の死亡後3年以内に支給金額が確定し、遺族が受け取ることとなった死亡退職金は、当該遺族に係る所得税の計算上、退職所得として所得税が課税される。

・解説と解答・

1）不適切である。退職金の受領の際に源泉徴収される所得税額の計算において、受領者の扶養控除等の所得控除の金額は控除されない。そのため、総所得金額等から控除しきれない所得控除の金額があるときは、確定申告をすることによって退職所得の金額から控除し、所得税の還付を受けることができる場合がある。

2）不適切である。退職金は申告分離課税なので、他の所得と総合課税されることはないが、特定の他の所得の赤字の金額と損益通算することはできる。そのため、他の所得に赤字の金額がある場合、確定申告をすることによって所得税の還付を受けることができる場合がある。

3）適切である。

4）不適切である。死亡後3年以内に支給が確定した死亡退職金は、相続税が課税され、所得税は課税されない。

正解 3）

1-9　一時所得

《問》所得税の一時所得に関する次の記述のうち、最も不適切なものはどれか。

1) 一時所得とは、営利を目的とする継続的行為から生じた所得以外の所得で、労務や役務の対価としての性質や資産の譲渡による対価としての性質を有しない一時の所得をいう。
2) 一時所得の金額は、「総収入金額－収入を得るために支出した金額－特別控除額（最高50万円)」の算式により計算する。
3) 一時所得は、その所得金額を給与所得などのほかの所得の金額と合計して総所得金額を求めた後、納める税額を計算する。
4) 一時払養老保険等（保険期間が5年以内であるなど一定の要件を満たすもの）の差益等については、20.315％の税率による源泉分離課税が適用されるので、確定申告を行うことはできない。

・解説と解答・

1) 適切である。一時所得は次のような所得をいう。
　・懸賞や福引きの賞金品（業務に関して受けるものを除く）
　・競馬や競輪の払戻金
　・生命保険の一時金（業務に関して受けるものを除く）や損害保険の満期返戻金等
　・法人から贈与された金品（業務に関して受けるもの、継続的に受けるものは除く）
　・遺失物拾得者や埋蔵物発見者の受ける報労金等
2) 適切である。
3) 不適切である。一時所得は、その所得金額の2分の1に相当する金額を給与所得などのほかの所得の金額と合計して総所得金額を求めた後、納める税額を計算する。
4) 適切である。

<u>正解　3)</u>

1－10　雑所得

> 《問》 Aさん（68歳）の2024年中の年金等の収入が下記のとおりである場合、次の記述のうち、最も不適切なものはどれか。
>
> > ・老齢基礎年金および老齢厚生年金：450万円（源泉徴収前の金額）
> > ・個人年金保険契約に基づく年金：60万円（源泉徴収前の金額）
> > ※個人年金保険契約の契約者（＝保険料負担者）および年金受取人はAさんであり、Aさんが支払った保険料の総額は360万円、年金の支払総額（見込額）は600万円である。
>
> 1）公的年金等に係る雑所得の金額に係る公的年金等控除額は、受給者の年齢、年金等の収入金額に応じて定められている。
> 2）公的年金等以外に係る雑所得の金額は、「公的年金等以外の雑所得の総収入金額－必要経費」により算出される。
> 3）Aさんの個人年金に、支払日以後に分配される剰余金等がある場合、雑所得の金額の計算上、その金額は総収入金額に算入する。
> 4）Aさんの個人年金保険契約に基づく年金に係る雑所得の金額は、50万円である。

・解説と解答・

1）適切である。
2）適切である。なお、公的年金等に係る雑所得の金額は、「公的年金等の収入金額－公的年金等控除額」により計算される。
3）適切である。
4）不適切である。個人年金保険契約に基づき支払を受ける年金に係る雑所得の金額は、その年中に支払を受けた年金の額から、必要経費（その年金額に対応する払込保険料または掛金の額）を差し引いた金額である。
（注）必要経費の額＝その年の受取年金額×〔保険料または掛金の総額÷年金の支払総額（見込額）〕（小数点以下第3位切上げ）

$$60万円 \times \frac{360万円}{600万円} = 36万円 \qquad 60万円 - 36万円 = 24万円$$

正解　4）

1－11　損益通算

《問》各種所得の金額の計算上生じた損失のうち、他の所得との損益通算の対象となるものはどれか。
1）雑所得の金額の計算上生じた損失
2）保養のための別荘の売却に係る譲渡所得の計算上生じた損失
3）非上場株式の売却に係る譲渡所得の計算上生じた損失
4）事業所得の金額の計算上生じた損失

・解説と解答・

1）、2）、3）は損益通算の対象外であり、4）は可能である。

損益通算とは、その年中の各種所得の金額の計算上、不動産所得、事業所得、山林所得および譲渡所得の金額に損失（赤字）が生じた場合、損失額を他の黒字の各種所得の金額から控除することをいう。

【損益通算の対象となる所得の範囲】

所得の金額の計算上損失が生じた場合に、損益通算の対象となる所得は、不動産所得、事業所得、譲渡所得、山林所得である。

（注1）　利子所得および退職所得は、所得金額の計算上損失が生じることがない。

（注2）　配当所得、給与所得、一時所得および雑所得の金額の計算上損失が生じることはあるが、その損失の金額は他の各種所得の金額から控除することはできない。

（注3）　生活に通常必要でない資産に係る所得の金額の計算上生じた損失は、競走馬の譲渡に係るもので一定の場合を除き、他の各種所得の金額と損益通算できない。なお、生活に通常必要でない資産とは、主として趣味、娯楽、保養または鑑賞の目的で所有する不動産やゴルフ会員権などの資産である。

（注4）　不動産所得の金額の計算上生じた損失の金額のうち、土地を取得するために要した負債の利子に相当する部分の金額などは、その損失が生じなかったものとみなされ、他の各種所得の金額から控除することができない。

（注5）　申告分離課税の株式等に係る譲渡所得等の金額の計算上生じた損失がある場合は、株式等に係る譲渡所得等以外の所得の金額との損益通算はできない。また、株式等に係る譲渡所得等以外の所得の損失も、株式等に係る譲渡所得等の金額との損益通算はできない。ただし、上場株式等に係る譲渡所

得等の金額の計算上生じた損失の金額がある場合には、申告分離課税を選択した上場株式等の配当等に係る利子所得の金額および配当所得の金額から控除することができる（当該上場株式等の配当等に係る利子所得の金額および配当所得の金額の合計額を限度とする）。

（注6） 申告分離課税の先物取引に係る雑所得等の金額の計算上生じた損失がある場合は、先物取引に係る雑所得等以外の所得の金額との損益通算はできない。また、先物取引に係る雑所得等以外の所得の損失も、先物取引に係る雑所得等の金額との損益通算はできない。

（注7） 譲渡所得の金額の計算上生じた損失のうち、一定の居住用財産以外の土地建物等の譲渡所得の金額の計算上生じた損失がある場合は、土地建物等の譲渡所得以外の所得の金額との損益通算はできない。また、土地建物等の譲渡所得以外の所得の損失も、土地建物等の譲渡所得の金額との損益通算はできない。

【損益通算の方法】

　総所得金額を、経常的に発生する所得（利子、配当、不動産、事業、給与、雑所得（以下、「経常グループ」という））と、臨時的に発生する所得（譲渡、一時所得（以下、「譲渡・一時グループ」という））の2つのグループに区分して、第1次通算、第2次通算、第3次通算の順序で通算する。

１．第1次通算

（1）経常グループ内での損益通算

　不動産所得の金額、または事業所得の金額の計算上生じた損失の金額があるときは、これをまず他の利子所得の金額、配当所得の金額、不動産所得の金額、事業所得の金額、給与所得の金額、雑所得の金額から控除する。

（2）譲渡・一時グループ内での損益通算

　譲渡所得の金額の計算上生じた損失の金額があるときは、これをまず一時所得の金額（2分の1前の金額）から控除する。

２．第2次通算

（1）経常グループ内での損益通算で赤字になった場合

　1の（1）によってもなお控除しきれない損失の金額があるときは、これを譲渡・一時グループの金額（1の（2）の控除後の金額）から順次控除する。この場合において、譲渡所得の金額のうちに、短期譲渡所得と長期譲渡所得とがあるときは、短期譲渡所得の金額からまず控除する。

（2）譲渡・一時グループ内での損益通算で赤字になった場合

　1の（2）によってもなお控除しきれない損失の金額があるときは、これを

経常グループ（1の（1）の控除後の金額）から控除する。

3．第3次通算

（1）第2次通算によってもなお控除しきれない損失の金額があるときは、これを山林所得の金額から控除し、なお控除しきれない損失の金額があるときは、退職所得の金額から控除する。

（2）山林所得の金額の計算上生じた損失の金額があるときは、これをまず経常グループ（1の（1）または2の（2）の控除後の金額）から控除し、なお控除しきれない損失の金額があるときは、譲渡・一時グループ（1の（2）または2の（1）の控除後の金額）から順次控除し、なお控除しきれない損失の金額があるときは、退職所得の金額（3の（1）の控除後の金額）から控除する。

　以上の順序に従って損益通算を行った結果、なお控除しきれない損失の金額は、その年分の純損失の金額となる。

正解　4）

1-12 各種所得

《問》所得税および住民税に関する次の記述のうち、最も不適切なものは
どれか。
1) 不動産所得の金額の計算上生じた損失の金額は、特定のものを除
き、まず、他の経常的な所得（配当所得、事業所得、給与所得等を
いう）の金額から差し引き、それでも引ききれない損失の金額は、
譲渡所得の金額および一時所得の金額から順次差し引く。
2) 総合課税とされる一時所得の金額は、総収入金額からその収入を得
るために支出した金額を差し引き、さらに最高50万円の特別控除額
を差し引いた金額であり、その金額を2分の1にした金額が総所得
金額に算入される。
3) 内国法人の上場株式の配当金（発行済株式数3％未満保有の個人株
主が受けるものに限る）については、所得税の確定申告をしても配
当控除は受けられない。
4) 保険期間5年以下の一時払養老保険契約の満期保険金に係る保険差
益については、所得税等15.315％、住民税5％の源泉分離課税扱い
とされるので、確定申告をせずに課税関係は終了する。

・解説と解答・

1) 適切である。
2) 適切である。
3) 不適切である。上場株式の配当金（個人の大口株主等でない株主が受ける
もの）は、所得税等15.315％、住民税5％が源泉徴収され確定申告不要と
することができるが、申告により総合課税を選択して配当控除の適用を受
けることもできる。
4) 適切である。

正解 3)

1－13 所得控除

《問》2024年分の所得税における各種所得控除に関する次の記述のうち、最も適切なものはどれか。
1）年末調整で控除することができない所得控除として、医療費控除、寄附金控除、雑損控除がある。
2）16歳未満の扶養親族に係る扶養控除は、38万円である。
3）ひとり親控除の控除額は、38万円である。
4）外国税額控除や住宅借入金等特別控除は税額控除であるが、配当控除は所得控除である。

・解説と解答・

1）適切である。
2）不適切である。16歳未満の扶養親族に係る扶養控除はない。
3）不適切である。控除額は35万円である。ひとり親とは、現に婚姻していない者または配偶者が生死不明な者で、「その年分の総所得金額等が48万円以下の生計を一にする子を有すること」「合計所得金額が500万円以下であること」「事実上婚姻関係と同様の事情があると認められる者がいないこと」を満たす者をいう。
4）不適切である。配当控除は税額控除である。

正解 1）

〈扶養控除〉

			控除額（最高）	
		年齢要件	所得税	住民税
扶養控除（一般の控除対象扶養控除）		16歳以上18歳以下 または23歳以上69歳以下	38万円	33万円
扶養控除（特定扶養親族）		19歳以上23歳未満	63万円	45万円
扶養控除 （老人扶養親族）	同居老親等以外	70歳以上	48万円	38万円
	同居老親等	70歳以上	58万円	45万円

1 −14　医療費控除

> 《問》所得税における医療費控除に関する次の記述のうち、最も適切なものはどれか。
> 1 ）その年中に受けた治療に係る医療費であっても、年末において未払いのものは、その年分の医療費控除の対象となる医療費の要件を満たさない。
> 2 ）医療費控除は、あらかじめ勤務先に届出をすることにより、年末調整において控除することができる。
> 3 ）医療費控除の額は、控除対象となる医療費のその年中の支出金額の合計額から、5 万円の定額の控除を差し引いた金額である。
> 4 ）医療費控除の額の上限は、100万円である。

・解説と解答・

1 ）適切である。医療費控除においては、その年中に支払った医療費だけが対象となる（治療した年は問わない）。

2 ）不適切である。医療費控除は、確定申告によってのみ控除できる。

3 ）不適切である。医療費控除の額は、対象となる医療費のその年間の支出金額の合計額から、保険金等で補てんされる金額を差し引き、さらに、10万円または総所得金額等の 5 ％のいずれか少ないほうの金額を控除した金額（マイナスの場合はゼロ）である。

4 ）不適切である。医療費控除の額の上限は、200万円である。

正解　1 ）

〈医療費控除の特例（セルフメディケーション税制）〉

　居住者が自己または自己と生計を一にする配偶者その他の親族に係る①特定一般用医薬品等購入費を支払い、②その年中に健康の保持増進および疾病の予防への取組みを行っている場合に控除される（措法41の17）。控除額（最高8.8万円）は、「（その年中に支払った特定一般用医薬品等購入費の合計額−保険金等で補填される金額−1.2万円）で算出される。

　医療費控除と医療費控除の特例は、重複して適用を受けることはできない。

1−15　住宅借入金等特別控除

《問》2024年分の所得税に係る住宅借入金等特別控除に関する次の記述の
うち、最も不適切なものはどれか。
1）2024年中に住宅を取得して居住の用に供した後、2024年12月31日ま
での間に勤務先からの転勤命令により転居し、翌年以降再び居住の
用に供した場合、控除期間内であれば、原則として再び居住の用に
供した年以降について、住宅借入金等特別控除の適用を受けること
ができる。
2）店舗併用住宅の場合、その家屋の床面積に占める居住用部分の床面
積の割合にかかわらず、住宅借入金等特別控除の適用を受けること
ができる。
3）適用を受ける者の合計所得金額が2,000万円を超える年分について
は、住宅借入金等特別控除の適用を受けることができない。
4）従前に所有していた居住用家屋を売却し、その譲渡益について居住
用財産の3,000万円特別控除の適用を受けた場合、その売却した年
以後3年間の各年中に住宅を取得したときは、住宅借入金等特別控
除の適用が受けられない。

・解説と解答・

1）適切である。
2）不適切である。店舗併用住宅の場合、その家屋の床面積の2分の1以上が
もっぱら居住の用に供されるものであることが住宅借入金等特別控除の適
用要件となっている。
3）適切である。2022年度税制改正により、2022年以降に本控除の適用を受け
ようとする者のその年分の合計所得金額要件は、3,000万円以下から2,000
万円以下に引き下げられた。
4）適切である。

正解　2）

1−16　所得税の申告と納付

《問》所得税の申告と納付に関する次の記述のうち、最も不適切なものは
どれか。
1）確定申告を要する者は、原則として、所得が生じた年の翌年の2月
16日から3月15日までの間に、納税地の所轄税務署長に対して確定
申告書を提出しなければならない。
2）年間の給与収入の金額が1,000万円を超える給与所得者は、年末調
整の対象とならないため、確定申告を行わなければならない。
3）不動産所得、事業所得または山林所得を生ずべき業務を行う者は、
納税地の所轄税務署長の承認を受けた場合に青色申告書を提出する
ことができる。
4）1月16日以後新たに業務を開始した者が、その年分から青色申告を
行う場合は、その業務を開始した日から2カ月以内に、「青色申告
承認申請書」を納税地の所轄税務署長に提出し、その承認を受けな
ければならない。

・解説と解答・

1）適切である。確定申告を要する者は、原則として、所得が生じた年の翌年
の2月16日から3月15日までの間に納税地の所轄税務署長に対して確定申
告書を提出する必要がある。
2）不適切である。年間の給与収入の金額が2,000万円を超える給与所得者は、
確定申告を行わなければならない。なお、同族会社の役員が、その同族会
社から給与のほかに不動産の賃貸料などを受け取っている場合には、これ
らの所得が20万円以下であっても確定申告は必要である。
3）適切である。
4）適切である。1月16日以降新たに事業を開始した者が、その年分から青色
申告の適用を受ける場合は、事業を開始した日から2カ月以内に、「青色
申告承認申請書」を納税地の所轄税務署長に提出し、その承認を受けなけ
ればならない。

正解　2）

第 2 章

金融商品と税金

2－1　配当所得

> 《問》所得税法上、配当所得に該当しないものは、次のうちどれか。
> 1）国内公募株式投資信託の期中（普通）分配金
> 2）国内上場不動産投資法人（J－REIT）の配当
> 3）国内公社債投資信託の解約差益
> 4）国内未上場株式の配当

・解説と解答・

配当所得とは、次の所得をいう（所法24①）。

① 法人から受ける剰余金の配当（例：決算配当、中間配当金）

② 法人から受ける利益の配当（例：決算配当、中間配当金）

③ 剰余金の分配（例：農業協同組合等から受ける出資に対する剰余金の配当金）

④ 投資法人から受ける金銭の分配

⑤ 基金利息（例：相互保険会社の基金に対する利息）

⑥ 投資信託の収益の分配（公社債投資信託および公募公社債等運用投資信託を除く）

⑦ 特定受益証券発行信託の収益の分配

1）該当する。なお、元本払戻金であれば非課税である。

2）該当する。なお、投資法人（会社型）からの配当なので、配当控除は受けられない。

3）該当しない。償還差益および解約差益は譲渡所得となる。期中分配金は利子所得とされ、20.315％の税率による源泉分離課税となる。

4）該当する。

<u>正解　3）</u>

2－2　配当所得等の課税関係(1)

《問》個人株主が2024年分の内国法人から支払を受ける上場株式等の配当
　　等（一定の大口株主等が受けるもの等を除く）に係る課税に関する
　　次の記述のうち、最も不適切なものはどれか。

　1）上場株式等の配当等については、申告不要であるが、申告分離課税
　　　を選択することも、総合課税を選択することもできる。

　2）上場株式等の配当等については、支払を受けるべき配当等の金額に
　　　かかわらず、確定申告不要制度を選択することができる。

　3）上場株式等の配当等について申告分離課税を選択した場合は、上場
　　　株式等の配当所得の金額から、一定の要件のもと、その年分に生じ
　　　た上場株式等の譲渡所得等の損失の金額を控除することができる。

　4）上場株式等の配当等について申告分離課税制度を選択した場合であ
　　　っても、配当控除の適用を受けることができる。

・解説と解答・

1）適切である。配当所得については申告不要が原則であるが、総合課税も申
　　告分離課税も選択できる。なお、内国法人から支払を受ける上場株式等の
　　配当等のうち、その配当等の支払に係る基準日において、その内国法人の
　　発行済株式総数等のうち3％以上を所有している大口株主等が支払を受け
　　るものを除き、確定申告不要制度を選択することができる。2022年度改正
　　により、大口株主等の判定に、その対象者の株式等だけでなく、その対象
　　者の同族会社が保有する株式等も含まれることとなった（2023年10月1日
　　以降の配当等について適用）。

2）適切である。配当等を申告不要とする場合に金額の上限はない。

3）適切である。上場株式等に係る譲渡損失の金額がある場合、またはその年
　　の前年以前3年内の各年に生じた上場株式等に係る譲渡損失の金額のうち
　　前年以前で控除されていないものがある場合には、一定の要件のもと、申
　　告分離課税を選択した上場株式等の配当所得の金額から控除することがで
　　きる（配当所得の金額が限度）。

4）不適切である。申告分離課税制度、申告不要制度を選択した場合は、配当
　　控除の適用の対象外である。

<u>正解　4）</u>

2－3　配当所得等の課税関係(2)

> 《問》個人株主の2024年分の所得税における株式の配当金に対する課税関
> 係に関する次の記述のうち、最も不適切なものはどれか。
> 1）非上場株式1銘柄につき1回の配当が10万円に配当の計算期間月数
> を乗じてこれを12で除して計算した金額以下の少額配当金について
> は、所得税の確定申告をしなくてもよい。
> 2）上場株式の配当所得に対する確定申告不要制度は、1銘柄について
> 年間合計の配当収入が50万円未満のもので、かつ、発行済株式総数
> の3％未満の株主が受けるものについてのみ適用が受けられる。
> 3）少額配当の確定申告不要制度を選択した配当所得については、配当
> 控除を受けることはできない。
> 4）確定申告不要制度とは、所得税の確定申告の義務がないというだけ
> であって、確定申告してもさしつかえない制度である。

・解説と解答・

　少額配当申告不要制度は、原則として非上場株式等の配当についてのみの適
用とされる。ただし、総合課税〈源泉所得税・復興特別所得税20.42％〉が適
用される一定の大口株主等の配当にも、少額配当（1回の配当が10万円に配当
の計算期間月数を乗じてこれを12で除して計算した金額以下のもの）申告不要
制度が適用される。したがって、2）は不適切である（持株割合3％未満の株
主が受ける上場株式にかかる申告不要制度では、配当収入の上限はない）。
1）、3）、4）は記述どおりで適切である。

　外国株式に関しても上場ものであれば国内上場株式の配当と同様の課税関係
が適用される（ただし、大口株主の除外の規定は適用されない）。この場合、
外国所得税が外国現地で源泉徴収されていれば、その外国所得税が控除された
後の金額に対して国内源泉所得税・復興特別所得税が徴収される。

　なお、ETF（上場投資信託）の配当金は、上場株式の配当金課税と同様の
扱いとされている。

<u>正解　2）</u>

2 － 4　株式等の譲渡所得

《問》2024年中に個人株主が国内上場株式を譲渡し損失が生じた場合の課
　税関係に関する次の記述のうち、最も不適切なものはどれか。
1 ）国内上場株式等の譲渡損失は、非上場株式の譲渡益と損益通算する
　　ことができる。
2 ）国内上場株式の譲渡損失は、特定公社債の償還差益と損益通算する
　　ことができる。
3 ）国内上場株式の譲渡損失については、一定の要件のもと、翌年以降
　　3 年間にわたって繰越控除することができる。
4 ）国内上場株式等の譲渡損失は、確定申告により申告分離課税を選択
　　した上場株式の配当所得と損益通算することができる。

・解説と解答・

　上場株式等に係る譲渡損失がある場合は、確定申告により、その年分の上場
株式等の配当等に係る利子所得の金額および申告分離課税を選択した配当所得
の金額と損益通算ができる。また、損益通算してもなお控除しきれない損失
は、翌年以後 3 年間にわたり、確定申告により、上場株式等に係る譲渡所得等
の金額および上場株式等に係る配当所得等の金額から繰越控除することができ
る。「上場株式等に係る譲渡所得等」と「一般株式等に係る譲渡所得等」は、
別の申告分離課税となる。上場株式、上場投資信託（ETF）、上場不動産投資
法人の投資口、公募株式等証券投資信託の受益権、公募公社債投資信託の受益
権、特定公社債（国債、地方債、外国国債、公募公社債など）などが上場株式
等に該当し、非上場株式、一般公社債、私募株式投信、私募公社債投信などが
一般株式等に該当する。
1 ）不適切である。上場株式等に係る譲渡所得等と非上場株式などの一般株式
　　等に係る譲渡所得等の間では、損益通算できない。
2 ）適切である。
3 ）適切である。上場株式等（公募株式投資信託を含む）の譲渡損失は、確定
　　申告をすることにより、翌年以降 3 年間にわたって繰越控除できる。
4 ）適切である。

正解　1 ）

2-5 NISA

《問》2024年1月に、少額投資非課税制度の適用を受ける非課税口座（以下、「NISA口座」という）を証券会社に開設した個人が、当該NISA口座を利用して行う取引に関する次の記述のうち、最も適切なものはどれか。

1）NISA口座内で発生した譲渡損失と特定口座で発生した譲渡益を損益通算する場合には、確定申告をする必要がある。

2）2024年1月に30万円で取得した株式のうち、20万円分を同年2月に売却した場合、その20万円分を非課税投資枠として再利用することはできない。

3）NISA口座の非課税保有期間は5年間である。

4）特定口座や一般口座で保有している上場株式等を、NISA口座に移管して非課税措置の適用を受けることはできない。

・解説と解答・

1）不適切である。一般口座と特定口座は確定申告により損益通算することができるが、NISA口座は、一般口座や特定口座と損益通算することはできない。

2）不適切である。旧NISAでは売却分の投資枠について再利用ができなかったが、現行のNISA制度においては、売却の翌年以降であれば、売却分の非課税保有限度額の再利用が可能となった。

3）不適切である。旧NISA（一般NISA）の非課税保有期間は5年間（その後ロールオーバー有り）であったが、現行のNISA制度においては、非課税保有期間が無期限となった。

4）適切である。

<u>正解　4）</u>

2 － 6　生命保険の課税関係

《問》個人が加入する生命保険の保険差益に関する課税関係について、次の記述のうち最も適切なものはどれか。

1 ）一時払養老保険の保険差益は、保険期間にかかわらず20.315％（所得税・復興特別所得税15.315％、住民税 5 ％）の源泉分離課税扱いとされる。

2 ）一時払養老保険で死亡保険金が満期返戻金の 5 倍以上のものは、保険料が一時払い、かつ、保険期間が 5 年以内であっても、その保険差益は総合課税の一時所得として課税される。

3 ）一時払養老保険で保険期間が10年であれば、加入後 5 年以内に解約しても、その保険差益は一時所得として総合課税の課税対象とされる。

4 ）月払の養老保険を加入後 5 年以内に解約した場合の保険差益は、一時払養老保険と同様に20.315％（所得税・復興特別所得税15.315％、住民税 5 ％）の源泉分離課税扱いとされる。

・解説と解答・

　一時払養老保険については、次の条件のもとで、その差益について一律20.315％の源泉分離課税が適用される。

①　保険料が一時払いであること（これに準ずる支払方法を含む）。

②　期間（満期までの期間あるいは加入してから中途解約するまでの期間）が 5 年以下であること。

③　災害死亡等を保険事故として支払われる死亡保険金が満期返戻金（保険金）の 5 倍未満でかつそれ以外の死亡保険金が満期保険金と同額であるもの。

　したがって、2 ）が適切である。

正解　2 ）

2－7　一般口座・特定口座

《問》特定口座に関する次の記述のうち、最も不適切なものはどれか。

1）源泉徴収ありの特定口座における株式等の譲渡益は、確定申告は不要である。
2）同一銘柄の上場株式等を特定口座と他の証券会社の一般口座でそれぞれ保管している場合、譲渡益の計算をする際には、各々の取得費を総平均法に準ずる方法により平均しなければならない。
3）特定口座については、源泉徴収の有無にかかわらず年間取引報告書が投資家に交付される。
4）上場株式等について、一般口座と特定口座のいずれを通じて譲渡した場合も、同じ税率で課税される。

・解説と解答・

1）適切である。ただし、他の一般口座の譲渡損益と通算して源泉所得税等の還付を受ける場合などは確定申告をすることもできる。なお、特定口座（簡易申告口座）では、確定申告不要制度を選択することはできない。
2）不適切である。同一銘柄の上場株式を特定口座と一般口座で保管している場合でも、取得費は平均化されずに譲渡益は各口座で別々に計算される。
3）適切である。投資家だけでなく、税務署に対しても、源泉徴収の有無にかかわらず年間取引報告書が提出される。投資家の確定申告にあたって、年間取引報告書の添付は不要である。
4）適切である。

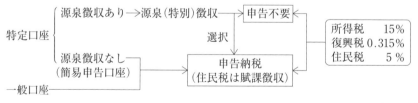

正解　2）

第3章

不動産と税金

3－1　不動産の価格

《問》土地の価格に関する次の記述のうち、最も適切なものはどれか。
 1）固定資産税評価額は、原則として、市町村長が固定資産評価基準に
　　より決定する。
 2）相続税路線価は、地価公示の公示価格の90％を価格水準の目安とし
　　て設定されている。
 3）相続税路線価は、毎年7月1日を評価時点としている。
 4）固定資産税評価額は、原則として、2年ごとの基準年度において評
　　価替えが行われる。

・解説と解答・

 1）適切である。固定資産課税台帳に登録する土地の価格は、原則として、市
　　町村長が決定する。ただし、都道府県知事または総務大臣が固定資産を評
　　価する場合は除かれる。
 2）不適切である。相続税路線価は、地価公示の公示価格の80％を目安として
　　評価されている。
 3）不適切である。相続税路線価は、1月1日を評価時点としている。
 4）不適切である。3年ごとの基準年度において評価替えが行われる。

正解　1）

3－2　登録免許税

> 《問》登録免許税に関する次の記述のうち、最も適切なものはどれか。
> 1）相続人が、相続により不動産を取得し、所有権移転登記をしたとき
> 　　は非課税となる。
> 2）所有権保存登記や所有権移転登記をした場合の課税標準は、その不
> 　　動産の実際の取引金額による。
> 3）抵当権設定登記をした場合の課税標準は、その不動産の価額であ
> 　　る。
> 4）個人が住宅用家屋を新築し、それを自己の居住の用に供した場合の
> 　　所有権保存登記においては、一定の要件を満たせば税率が軽減され
> 　　る。

・解説と解答・

1）不適切である。所有権の保存登記や相続、遺贈、贈与、その他の所有権の
　移転登記等は課税される。相続の場合の移転登記の税率は、1,000分の4
　である。

2）不適切である。不動産に係る登録免許税の課税標準は登記原因により異な
　る。所有権の保存登記や所有権移転登記の場合は、いずれも不動産の価額
　（原則として固定資産税評価額）である。

3）不適切である。抵当権設定登記の場合の課税標準は、通常、債権金額であ
　る。

4）適切である。適用対象となる新築の住宅用家屋は、もっぱら自己の住宅用
　に供される家屋で床面積が50m²以上であるものは、原則として税率が
　1,000分の1.5（本則税率1,000分の4）に軽減される。

正解　4）

3-3 不動産取得税

> 《問》不動産取得税に関する次の記述のうち、最も適切なものはどれか。
> 1) 不動産取得税は、不動産の取得に対し、その不動産所在の市町村が課する税金である。
> 2) 不動産取得税は、売買や贈与によって取得した場合は課税されるが、相続によって取得した場合は、課税されない。
> 3) 2024年7月に住宅以外の家屋を取得した場合の不動産取得税の標準税率は、5％である。
> 4) 一定の新築住宅を取得した場合は、固定資産税評価額から800万円を控除した金額が課税標準となる。

・解説と解答・

1) 不適切である。不動産取得税は、不動産の取得に対し、その不動産所在の都道府県が、その不動産の取得者に、取得時にのみ課する税金である。

2) 適切である。不動産取得税は、売買、交換、現物出資、贈与等、新築・増築等により取得した場合に、登記の有無や有償無償を問わず課される。相続（包括遺贈等を含む）や法人の合併等のような形式的移転等には課されない。

3) 不適切である。2026年3月31日までに不動産を取得した場合の不動産取得税の標準税率は、住宅以外の家屋（店舗、事務所等）を除いて、3％である。住宅以外の家屋は、4％となっている。

4) 不適切である。新築住宅を取得した場合は、住宅1戸につきその住宅の価格から1,200万円（認定長期優良住宅の場合は1,300万円）を控除した金額が課税標準となる。ただし、住宅は床面積50m²（一戸建以外の貸家住宅は40m²）以上240m²以下であることが必要である。住宅の価格とは、実際に購入した価額ではなく、固定資産課税台帳に登録されている価格（いわゆる固定資産税評価額）そのものをいう。

正解 2)

3－4　固定資産税・都市計画税

> 《問》固定資産税・都市計画税に関する次の記述のうち、最も不適切なものはどれか。
> 1）都市計画税の標準税率は0.3％であり、制限税率は設けられていない。
> 2）土地建物等に係る固定資産税は、毎年1月1日現在において、固定資産課税台帳に所有者として登録されている者に課される税金である。
> 3）都市計画税は、土地および家屋を課税対象とした税金である。
> 4）土地建物等の固定資産税評価額は、原則として3年ごとの基準年度において評価替えが行われる。

● 解説と解答 ●

　固定資産税は、固定資産の所在地の市町村が、賦課期日（毎年1月1日）に固定資産を所有している者に対して課す税金である。

　また、都市計画税は、市町村が、市街化区域内に所在する土地および家屋について、土地、家屋の所有者に対して課す税金である。

1）不適切である。都市計画税は制限税率が0.3％である。

2）適切である。固定資産税の賦課期日は1月1日である。年の途中で所有権が移転してもその年度分の納税義務者に変更はない。

3）適切である。なお、固定資産税は土地、家屋だけでなく償却資産も対象とする。

4）適切である。

正解　1）

3－5　固定資産税

> 《問》新築住宅等に対する固定資産税の税額軽減に関する次の記述のうち、最も適切なものはどれか。
> 1）一定の新築住宅については、あらたに固定資産税が課されることとなった年度分に限り、税額が軽減される。
> 2）一戸建ての新築住宅は、床面積が50m²以上280m²以下であるものがこの税額軽減の対象となる。
> 3）この税額軽減の適用対象となる新築住宅には、自己の居住用住宅のほか、日常生活以外の保養の用に供する別荘なども含まれる。
> 4）この税額軽減の適用を受けた場合、家屋の床面積のうち200m²までの部分に相当する税額が2分の1になる。

・解説と解答・

1）不適切である。一般の新築住宅は、あらたに固定資産税が課されることとなった年度から3年度分（中高層耐火建築住宅では5年度分）に限り税額が軽減される。また、認定長期優良住宅の場合は、5年度分から7年度分、税額が軽減される。

2）適切である。なお、一戸建以外の貸家住宅については40m²以上280m²以下である。

3）不適切である。住宅の範囲については、いわゆるセカンドハウスも含まれるが、もっぱら避暑、避寒、その他日常生活以外の保養の用に供する家屋である別荘は対象とならない。

4）不適切である。軽減される税額は、家屋の床面積の120m²までの部分に相当する税額の2分の1である。

正解　2）

3－6　不動産の譲渡所得(1)

《問》一般の土地建物等の譲渡所得金額の計算上における所有期間の判定
　　の基礎となる「取得の日」等に関する次の記述のうち、最も不適切
　　なものはどれか。
　1）土地建物等の譲渡において、譲渡のあった日現在において、譲渡し
　　　た土地建物等の所有期間が5年を超えるものは、長期譲渡所得に該
　　　当する。
　2）第三者から購入した土地建物等を譲渡した場合の「取得の日」は、
　　　原則として、その土地建物等の引渡しを実際に受けた日であるが、
　　　納税者の選択により売買契約の効力が発生した日とすることもでき
　　　る。
　3）単純承認による相続により取得した土地建物等を譲渡した場合の
　　　「取得の日」は、被相続人が当該土地建物等を取得した日である。
　4）「固定資産の交換の場合の譲渡所得の特例」の適用を受けて取得し
　　　た交換取得資産をその後に譲渡した場合、交換取得資産の「取得の
　　　日」は、その交換による交換譲渡資産の取得の日を引き継ぐことに
　　　なる。

・解説と解答・

1）不適切である。分離課税の長期譲渡所得に該当するのは、譲渡のあった日
　　現在ではなく、譲渡があった年の1月1日現在において所有期間が5年を
　　超える土地建物等の譲渡である。
2）適切である。取得の日は、原則として、相手方からその土地建物等の引渡
　　しを受けた日である。ただし、農地等以外の一般の土地建物等については
　　売買契約の効力が発生した日でもよいとされている。また、農地や採草放
　　牧地など権利移動に制限のあるものについては、売買契約が締結された日
　　でもよいとされている。
3）適切である。相続（限定承認に係るものを除く）により取得した土地建物
　　等の「取得の日」は、被相続人が取得した日を引き継ぐ。限定承認による
　　相続によって取得した場合は、相続をした日となる。
4）適切である。

正解　1）

3－7　不動産の譲渡所得(2)

《問》もっぱら居住用である土地・建物を譲渡した場合の譲渡所得の金額の計算上の「取得の日」「譲渡の日」「取得費」「譲渡費用」の取扱いに関する次の記述のうち、最も適切なものはどれか。

1）譲渡の日については、土地・建物の譲渡契約の効力発生日と引渡し日が異なる場合は、譲渡契約の効力発生日を譲渡の日とすることとなっており、引渡し日を譲渡の日とすることはできない。

2）相続人が相続（限定承認を除く）により取得した土地・建物の取得の日は、相続人が相続により土地・建物を取得した日となる。

3）非業務用の建物の取得費の計算上、その建物の取得価額、設備費、改良費の金額の合計額から差し引く減価償却費相当額は、その建物の耐用年数の1.5倍の年数に対応する旧定額法の償却率を用いて計算する。

4）土地の譲渡に際し、譲受人の希望により土地の上にある建物等を取り壊して土地のみを譲渡した場合、譲渡所得の金額の計算上、譲渡費用に建物の取壊し費用は含まれるが、建物の未償却残高は含まれない。

・解説と解答・

1）不適切である。土地・建物の譲渡の日は、原則としてその資産の引渡し日となるが、売買契約の効力発生日（農地法により許可や届出の必要な農地や採草放牧地の場合は売買契約を締結した日）とすることもできる。

2）不適切である。原則として被相続人がその資産を取得した日である。

3）適切である。取得価額から差し引く減価償却費相当額は、事業などに使用していない非業務資産の場合は次の式により計算する。

$$減価償却費相当額 = \begin{matrix}取得価額・設\\備費および改\\良費の合計額\end{matrix} \times 0.9 \times \begin{matrix}建物の耐用年数の1.5\\倍の年数に対応する\\旧定額法の償却率\end{matrix} \times 経過年数$$

4）不適切である。土地を譲渡する際に、譲受人の希望により譲渡者がその土地の上にある建物等を取り壊した場合は、その取壊し費用のほか、建物等の未償却残高も譲渡費用に含まれる。

<u>正解　3）</u>

3－8　不動産の譲渡所得⑶

《問》土地建物等の譲渡所得金額を計算する際の取得費および譲渡費用等に関する次の記述のうち、最も不適切なものはどれか。
1）譲渡した土地建物等の実際の取得費が明らかであっても、譲渡収入金額の5％相当額を概算取得費とすることができる。
2）単純承認による相続により取得した土地建物等を譲渡した場合の取得費は、被相続人の取得費が引き継がれる。
3）相続開始日の翌日から3年以上経過した後に行った土地の譲渡については、譲渡所得金額の計算上、相続財産に係る譲渡所得の課税の特例（相続税の取得費加算）の適用を受けることができない。
4）土地等の譲渡のために、その土地等の上にある建物等を取り壊した場合、その建物等の取壊し費用と未償却残高は譲渡費用となる。

・解説と解答・

1）適切である。実際の取得費が譲渡価額の5％よりも少ない場合（実際の取得費がわかっている場合）でも、譲渡価額の5％相当額を取得費とすることができる。
2）適切である。相続（限定承認に係るものを除く）により取得した資産の取得日および取得費は、被相続人の取得日および取得費を引き継ぐ。
3）不適切である。相続開始のあった日の翌日から相続税の申告書の提出期限の翌日以後3年以内であれば、相続財産に係る譲渡所得の課税の特例（相続税の取得費加算）は適用できる。
4）適切である。

正解　3）

3－9　不動産の譲渡所得(4)

《問》土地建物等を譲渡した場合の譲渡所得の金額の計算上、収入金額より控除する取得費および譲渡費用に関する次の記述のうち、最も適切なものはどれか。

1）譲渡所得の金額の計算上、概算取得費として収入金額の5％相当額を控除する場合は、仲介手数料等の譲渡費用は控除できなくなる。
2）譲渡した土地建物等の実際の取得費が明らかである場合は、譲渡収入金額の5％相当額の概算取得費を取得費とすることはできない。
3）譲渡収入金額の5％相当額の概算取得費は、譲渡した物件ごと（土地と建物は別々など）に、適用するかどうかを選択することができる。
4）譲渡収入金額の5％相当額の概算取得費は、譲渡した土地建物等の所有期間が5年超の土地建物等を譲渡したときにだけ適用することができる。

・解説と解答・

1）不適切である。譲渡所得の金額の計算上、概算取得費として収入金額の5％相当額を控除しても、仲介手数料等の譲渡費用は別途控除できる。
2）不適切である。譲渡した土地建物等の実際の取得費が明らかであっても、実際の取得費と5％の概算取得費とのいずれか有利なほうを選択適用してよいことになっている。
3）適切である。
4）不適切である。譲渡収入金額の5％相当額の概算取得費は、所有期間に関係なく選択適用することができる。

正解　3）

3-10　不動産の譲渡所得⑸

《問》一般の土地建物等の譲渡所得に関する次の記述のうち、最も不適切なものはどれか。

1）土地建物等を譲渡した場合の譲渡所得については、他の所得と総合して課税される。
2）土地建物等の譲渡があった年の1月1日現在で譲渡した土地建物等の所有期間が5年を超えるものは、長期譲渡所得に該当する。
3）短期譲渡所得に該当し、軽減税率の適用がない場合、所得税額（復興特別所得税を含む）は「課税短期譲渡所得金額×30.63％」、住民税額は「課税短期譲渡所得金額×9％」により計算される。
4）長期譲渡所得に該当し、軽減税率の適用がない場合、所得税額（復興特別所得税を含む）は「課税長期譲渡所得金額×15.315％」、住民税額は「課税長期譲渡所得金額×5％」により計算される。

・解説と解答・

1）不適切である。土地建物等を譲渡した場合の譲渡所得については、他の所得と区分して課税される分離課税である。
2）適切である。
3）適切である。
4）適切である。

正解　1）

区分	短期譲渡	長期譲渡	
期間	5年以下	5年超	10年超（軽減税率の特例）
居住用（自宅）	39.63％（所得税30.63％・住民税9％）	20.315％（所得税15.315％・住民税5％）	①課税譲渡所得6,000万円以下の部分14.21％（所得税10.21％・住民税4％） ②課税譲渡所得6,000万円超の部分20.315％（所得税15.315％・住民税5％）
上記以外	39.63％（所得税30.63％・住民税9％）	20.315％（所得税15.315％・住民税5％）	20.315％（所得税15.315％・住民税5％）

※所得税率に復興特別所得税含む

3-11　居住用不動産の譲渡の特例(1)

《問》「居住用財産を譲渡した場合の3,000万円の特別控除」（以下、「本特
例」という）に関する次の記述のうち、最も適切なものはどれか。
なお、各選択肢において記述した以外の本特例の適用要件について
は、すべて満たすものとする。

1）譲渡の年の1月1日現在で所有期間が5年以下の自己の居住用家
　屋・土地を譲渡した場合には、本特例の適用を受けることはできな
　い。

2）自らの居住用としていた家屋・土地を、居住しなくなった日以後3
　年を経過する日の属する年の12月31日までに譲渡した場合は、たと
　え居住しなくなった日以後にその家屋を賃貸していても、本特例の
　適用が受けられる。

3）夫婦で共有し、かつ居住していた家屋・土地を譲渡した場合、夫婦
　それぞれの譲渡所得の金額の計算において、夫婦のうちいずれか一
　方だけしか本特例の適用を受けることはできない。

4）自己の居住用の家屋・土地の譲渡に係る譲渡益が3,000万円に満た
　ない場合に本特例の適用を受けると、譲渡所得の金額がマイナスと
　なり、そのマイナスの金額を他の土地・建物等の譲渡益から差し引
　くことができる。

・解説と解答・

1）不適切である。本特例は、所有期間の長短による制限はない。

2）適切である。かつて自分の居住していた家屋で居住しなくなった日以後3
　年を経過する日の属する年の12月31日までの間に譲渡した場合が本特例の
　対象となるが、居住しなくなった日以後の用途は問わない。また、上記家
　屋の敷地である土地等を家屋とともに譲渡した場合も同様である。

3）不適切である。夫婦共有の場合、それぞれ本特例を受けることができる。

4）不適切である。本特例による3,000万円の特別控除の額は、譲渡益の金額
　を限度として認められたもので、特別控除の適用で譲渡所得の金額がマイ
　ナスとなることはない。

正解　2）

3－12　居住用不動産の譲渡の特例(2)

《問》「居住用財産の譲渡所得の特別控除」（以下、「3,000万円特別控除」という）と他の特例の適用関係に関する次の記述のうち、最も適切なものはどれか。なお、以下においては、「特定の居住用財産の買換えの場合の長期譲渡所得の課税の特例」を「買換え特例」と、「居住用財産を譲渡した場合の長期譲渡所得の課税の特例」を「軽減税率特例」という。
1）3,000万円特別控除は、「買換え特例」または「軽減税率特例」のいずれとも、重複して適用を受けることができる。
2）3,000万円特別控除は、「買換え特例」と重複して適用を受けることができるが、「軽減税率特例」とは重複して適用を受けることができない。
3）3,000万円特別控除は、「買換え特例」と重複して適用を受けることができないが、「軽減税率特例」とは重複して適用を受けることができる。
4）3,000万円特別控除は、「買換え特例」または「軽減税率特例」のいずれとも、重複して適用を受けることができない。

・解説と解答・

3）が適切である。

〈各種特例の併用適用の可否〉

特例の組合せ	併用
・3,000万円特別控除（措法35条） ・軽減税率の特例（所有期間10年超）（措法31条の3）	○
・収用交換の5,000万円特別控除（措法33条の4） ・軽減税率の特例（所有期間10年超）（措法31条の3）	○
・特定の居住用財産の買換え・交換特例（措法36条の2、36条の5） ・軽減税率の特例（所有期間10年超）（措法31条の3）	×

| ・特定の居住用財産の買換え・交換特例（措法36条の２、36条の５）
・3,000万円特別控除（措法35条） | × |
| ・収用交換の5,000万円特別控除（措法33条の４）
・収用等に伴い代替資産を取得した場合の課税の特例（措法33条） | × |

<u>正解　3）</u>

3－13　居住用不動産の譲渡の特例(3)

《問》「特定の居住用財産の買換えの場合の長期譲渡所得の課税の特例」
（以下、「買換え特例」という）の適用要件に関する次の記述のうち、最も不適切なものはどれか。

1）買換え特例は、譲渡資産について、譲渡の年の1月1日における所有期間が10年を超え、かつ、譲渡した者がそれを10年以上にわたり居住の用に供していたものであることが、適用要件の1つとされている。

2）買換え特例は、譲渡資産について、譲渡に係る対価の額が1億円以下であることが、適用要件の1つとされている。

3）買換え特例は、買換資産について、家屋の敷地である土地の面積が500m² 以下であること、建物の居住用部分の床面積が50m² 以上であることが、適用要件の1つとされている。

4）買換え特例は、買換資産について、譲渡資産の譲渡の日の前後それぞれ1年以内の期間内に、それを取得して居住の用に供し、または居住の用に供する見込みであることが、適用要件の1つとされている。

・解説と解答・

1）適切である。

2）適切である。2014年1月1日以後に譲渡した場合については、1億円以下とされている。

3）適切である。家屋の敷地である土地等については、その面積は500m² 以下でなければならず、家屋についてはその居住用部分の床面積が50m² 以上（上限はない）でなければならないとする面積制限が設けられている。

4）不適切である。譲渡の日の属する年の前年の1月1日から、その譲渡した年または譲渡した年の翌年末まで（3年間）に、自己の居住用財産を取得し、その譲渡した年の翌年の12月31日まで（譲渡した年の翌年に取得した場合は取得年の翌年末まで）に、これを居住の用に供し、または居住の用に供する見込みである場合が要件とされている。

正解　4）

3-14 居住用不動産の譲渡の特例(4)

《問》「特定の居住用財産の買換えの場合の長期譲渡所得の課税の特例」
（以下、「買換え特例」という）の課税上の扱いに関する次の記述の
うち、最も適切なものはどれか。
1）買換え特例の適用を受けるには、譲渡資産について、譲渡した年の
1月1日における所有期間が10年超であればよく、居住期間に関す
る制限はない。
2）譲渡者本人の直系血族や配偶者を譲渡の相手方とした場合には、買
換え特例の適用を受けることができない。
3）買換え特例が適用される買換資産である家屋については、中古住宅
であっても適用の対象となるが、中古の耐火建築物の場合は、築後
20年以内のものに限られる。
4）譲渡資産または買換資産のいずれかについて、譲渡契約締結日の前
日において一定の住宅借入金等の残高がない場合は、買換え特例の
適用を受けることができない。

・解説と解答・

1）不適切である。所有期間は記述のとおりであるが、居住期間が10年以上で
なければ買換え特例の適用は受けられない。
2）適切である。
3）不適切である。特例の対象となる買換資産は、既存住宅である耐火建築物
の場合は新築後の経過年数25年以内とされているが、この年数を超えてい
ても地震に対する安全上必要な構造方法に関する技術的基準またはこれに
準ずるものに適合する一定の耐火建築物も適用対象となる。
4）不適切である。買換え特例について、このような要件はない。

正解　2）

3-15 居住用不動産の譲渡の特例(5)

《問》「特定の居住用財産の買換えの場合の長期譲渡所得の課税の特例」
（以下、「買換え特例」という）と、「居住用財産を譲渡した場合の
長期譲渡所得の課税の特例」（以下、「軽減税率の特例」という）お
よび「居住用財産の譲渡所得の特別控除」（以下、「3,000万円特別
控除」という）の適用要件の相違等に関する次の記述のうち、最も
不適切なものはどれか。

1）居住用財産を買い換えて買換え特例の適用を受け、譲渡資産の譲渡
価額が買換資産の取得価額を超えたため譲渡所得金額が生じた場合
には、税額計算について軽減税率の特例の適用を受けることはでき
ない。

2）土地建物とも夫婦共有の居住用財産を買い換え、夫の譲渡所得に買
換え特例の適用を受けた場合でも、妻の譲渡所得には、軽減税率の
特例と3,000万円特別控除の適用を受けることができる。

3）買換え特例と軽減税率の特例は、譲渡した居住用財産の所有期間が
譲渡した年の1月1日現在で10年を超えていなければ適用が受けら
れないが、3,000万円特別控除は、所有期間についての制限はなく
適用が受けられる。

4）買換え特例は、譲渡した人の合計所得金額が3,000万円を超える年
分の譲渡所得には、その適用が受けられないが、軽減税率の特例と
3,000万円特別控除は、合計所得金額に関係なく適用が受けられる。

・解説と解答・

1）適切である。「買換え特例」と「軽減税率の特例」は、重複して適用を受
けられない。

2）適切である。譲渡所得の金額等は、譲渡資産の所有者ごとに計算するの
で、夫婦共有財産を譲渡した場合、夫と妻は、それぞれが適用要件を充た
せば、いずれの特例を選択するかは任意である。

3）適切である。

4）不適切である。いずれの特例も、所得による適用制限は設けられていな
い。

正解 4）

3－16　居住用財産の買換えの場合の譲渡損失

《問》「居住用財産の買換え等の場合の譲渡損失の損益通算および繰越控除の特例」の要件に関する次の記述のうち、最も不適切なものはどれか。

1）この特例は、譲渡資産に係る一定の要件を満たす住宅借入金等の残高がない場合でも適用が受けられる。

2）この特例は、繰越控除の適用を受けようとする年の年末においてその買換資産に係る一定の要件を満たす住宅借入金等の残高がある場合に限り適用が受けられる。

3）この特例は、譲渡した資産が譲渡した年の1月1日現在で所有期間10年を超えており、かつ、譲渡した個人の居住の用に供されていた家屋または土地である場合にだけ適用が受けられる。

4）この特例の適用を受けて、繰越控除しようとする年の合計所得金額が3,000万円を超える年分については、繰越控除の適用が受けられない。

・解説と解答・

　1）、2）、4）は適切である。

　譲渡資産の所有期間は5年超であることが要件となっているため、3）は不適切である。

正解　3）

【適用要件】

（1）自分が住んでいるマイホームを譲渡すること。なお、以前に住んでいたマイホームの場合には、住まなくなった日から3年を経過する日の属する年の12月31日までに譲渡すること（住んでいた家屋または住まなくなった家屋を取り壊した場合は、別途要件を満たしていること）。

（2）譲渡の年の1月1日における所有期間が5年を超える資産（旧居宅）で日本国内にあるものの譲渡であること（災害時は別途要件を満たしていること）。

（3）譲渡の年の前年の1月1日から売却の年の翌年12月31日までの間に日本国内にある資産（新居宅）で家屋の床面積が50m²以上であるものを取得すること。

（4）買換資産（新居宅）を取得した年の翌年12月31日までの間に居住の用に供することまたは供する見込みであること。

（5）買換資産（新居宅）を取得した年の12月31日において買換資産について償還期間10年以上の住宅ローンを有すること。

【特例の適用除外】

（1）繰越控除が適用できない場合

　イ　旧居宅の敷地の面積が500m^{2}を超える部分に対応する譲渡損失の金額

　ロ　繰越控除を適用する年の12月31日において新居宅について償還期間10年以上の住宅ローンがない場合

　ハ　合計所得金額が3,000万円を超える年分

（2）損益通算および繰越控除の両方が適用できない場合

　イ　旧居宅の売主と買主が、親子や夫婦など特別の関係にある場合

　ロ　旧居宅を売却した年の前年および前々年に、軽減税率の特例その他の特例を適用している場合

　ハ　旧居宅を売却した年またはその年の前年以前3年内における資産の譲渡について、特定居住用財産の譲渡損失の損益通算の特例の適用を受ける場合または受けている場合

　ニ　売却の年の前年以前3年内の年において生じた他のマイホームの譲渡損失の金額について、マイホームを買い換えた場合の譲渡損失の損益通算の特例の適用を受けている場合

【税額計算】

　課税関係は、次のとおりである。

| 譲渡資産の譲渡価格よりも買換資産の取得価格が大きい場合 | 譲渡所得はない |
| 譲渡資産の譲渡価格よりも買換資産の取得価格が小さい場合 | 課税される※ |

①　収入金額：譲渡資産の譲渡価格－買換資産の取得価格

②　必要経費：（譲渡資産の取得費＋譲渡費用）×収入金額①÷譲渡資産の譲渡価格

③　長期譲渡所得の金額：収入金額①－必要経費②

3－17　特定の事業用資産の買換え特例(1)

《問》特定の事業用資産の買換えの特例（以下、「本特例」という）の適
用要件等に関する次の記述のうち、最も適切なものはどれか。
1）買換資産は所定の期間内に取得しかつ取得の年の年末までに事業の
用に供することが、本特例の適用を受けるための要件の1つとなっ
ている。
2）本特例においては、買換資産が土地または建物である場合、そのい
ずれについても面積制限は設けられていない。
3）本特例の適用を受けて取得した買換資産をその後に譲渡した場合、
譲渡所得の金額の計算上、その所有期間の判定の基礎となる買換資
産の取得の日は、当該買換資産を取得した日である。
4）本特例の適用を受けて取得した買換資産をその後に譲渡した場合、
譲渡所得の金額の計算上の取得費は、その買換資産の実際の取得価
額を基にして計算する。

・解説と解答・

1）不適切である。買換資産は、その取得の日から1年以内に事業の用に供す
ることが必要である。
2）不適切である。買換資産が土地等のときは、原則としてその面積は譲渡し
た土地等の5倍が限度となっている。
3）適切である。
4）不適切である。この特例の適用を受け、譲渡がなかったとされる部分につ
いては課税の繰延べが行われるため、買換資産をその後譲渡した場合の譲
渡所得の計算や減価償却費の計算の基となる取得価額は、譲渡資産の取得
価額が引き継がれることとなる。

<u>正解　3）</u>

3－18　特定の事業用資産の買換え特例(2)

《問》特定の事業用資産の買換えの特例（以下、「本特例」という）を適用する場合の課税上の取扱いに関する次の記述のうち、最も適切なものはどれか。

1）買換資産の取得価額が譲渡資産の譲渡価額以上であった場合には、本特例の適用を受けると、譲渡はなかったものとされ、譲渡所得に対する課税は行われない。
2）小売業用の店舗を譲渡し、賃貸用のマンションを買換え取得するなど、買換え取得した資産を譲渡資産と同一の用途となる事業の用に供しなかった場合には、その買換え取得した資産は、本特例の適用対象となる買換資産には該当しない。
3）賃貸の用に供されていた土地建物を譲渡した場合、その貸付の規模が事業的規模でなければ、いっさい本特例の適用対象となる譲渡資産には該当しない。
4）買換え取得をする資産は、譲渡した資産を譲渡した年、譲渡の年の前年中、または譲渡の年の翌年中に取得しなければ、原則として本特例の適用対象となる買換資産には該当しない。

・解説と解答・

1）不適切である。譲渡資産の譲渡価額と買換資産の取得価額のいずれか少ない金額の80％相当額の部分について譲渡はなかったものとして繰り延べられる。
2）不適切である。固定資産の交換の特例と異なり、原則として取得した資産を譲渡した資産の直前の用途と「同じ用途」に供するといった制約はない。
3）不適切である。事業的規模に至らなくとも、相当の対価を得て継続的に行われている不動産や船舶の貸付についても、本特例の適用対象となる。
4）適切である。

正解　4）

3－19　固定資産の交換の特例

《問》固定資産の交換をした場合の課税の特例を適用する場合の適用要件
等に関する次の記述のうち、最も適切なものはどれか。
1）交換の当事者が、法人と個人である場合には固定資産の交換の特例
は適用できない。
2）土地と借地権とでは、同種の資産とはいえないので、固定資産の交
換の特例は適用できない。
3）固定資産の交換の特例では、交換により取得する資産が土地等の場
合にはその面積および地域の制限はない。
4）この特例を適用して交換取得した資産を将来譲渡する場合、譲渡所
得の計算上の取得価額は、交換取得資産の交換時の適正な時価によ
る。

・解説と解答・

1）不適切である。交換の相手方が法人であろうと地方公共団体であろうと、
この特例は適用できる。
2）不適切である。交換により譲渡する資産と取得する資産は、下記の資産の
区分により、同種の資産であることを要する。
①土地、借地権および耕作権
②建物、建物附属設備および構築物
③機械および装置等
3）適切である。交換取得する土地等の地域・面積等の制限はないが、交換の
相手方が１年以上所有し、かつ交換のために取得したものでないこと、交
換譲渡資産の譲渡直前の用途と同一の用途に供することが必要である。
4）不適切である。交換取得資産を将来譲渡するときの取得価額は、交換譲渡
資産の取得価額がそのまま引き継がれる。

<u>正解　3）</u>

第4章

相続税・贈与税

4－1 法定相続人と法定相続分

《問》被相続人Aさんの親族関係図は、次の〈資料〉のとおりである。相続税計算上の相続人の数・法定相続分に関して、次の記述のうち、最も不適切なものはどれか。

〈資料〉

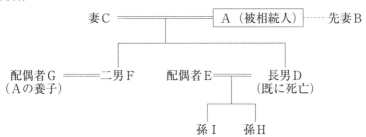

※長男Dは、Aの相続開始前に既に死亡している。

※Gは、Aと普通養子縁組をしている。なお、Aには、G以外に養子縁組をした者はいない。

1）相続税計算上の相続人の数は、5人である。

2）養子Gの法定相続分は、実子の法定相続分の2分の1である。

3）孫Hと孫Iの法定相続分は、それぞれ12分の1となる。

4）先妻Bは、相続税計算上の相続人ではない。

・解説と解答・

1）適切である。先妻B：法定相続人に含まれない。妻C：法定相続人である。長男D：法定相続人に含まれない。Dの妻E：法定相続人に含まれない。孫H，孫I：代襲相続人として法定相続人に含まれる。二男F：法定相続人である。養子G：法定相続人である。なお、実子がいる場合、養子は複数いても1人として数える。ゆえに、法定相続人の数は、妻C・二男F・養子G・孫H・孫Iの計5人である。

2）不適切である。養子の法定相続分は、実子の法定相続分と同じである。

3）適切である。$\left(\dfrac{1}{2} \times \dfrac{1}{3}\right) \times \dfrac{1}{2} = \dfrac{1}{12}$

4）適切である。

<u>正解　2）</u>

4－2　相続の承認と放棄

《問》相続の承認と放棄に関する次の記述のうち、最も不適切なものはど
れか。
1）相続人は、相続の開始があったことを知った日から3カ月以内に、
相続の承認または放棄の意思を示さなかった場合、相続放棄したも
のとみなされる。
2）相次相続控除の適用を受けることができる者は、相続人に限られる
ため、相続を放棄した者が遺贈により取得した財産がある場合に相
次相続控除の適用はない。
3）相続人が相続財産の全部または一部を処分したときは、保存行為や
短期の賃貸借を除き、単純承認をしたとみなされる。
4）限定承認は共同相続人の全員が共同してのみ行うことができるが、
限定承認者は、相続財産の清算手続を行う必要がある。

・解説と解答・

1）不適切である。相続開始があったことを知った日から3カ月以内に単純承
認したものとみなされる。
2）適切である。
3）適切である。民法921条により、相続人が相続財産の全部または一部を処
分したとき（保存行為や短期賃貸借を除く）、所定期間内に限定承認また
は相続の放棄をしなかったとき、相続人が限定承認または相続の放棄をし
た後であっても相続財産の全部もしくは一部を隠匿し私にこれを消費しま
たは悪意でこれを相続財産の目録中に記載しなかったとき（一定の場合を
除く）は、単純承認をしたものとみなされる（法定単純承認）。
4）適切である。限定承認とは、相続により取得した被相続人の財産を限度と
して被相続人の債務を弁済することを了解して、相続を承認することをい
う。限定承認者（相続人が複数のときは、申述の受理と同時に選任された
相続財産管理人）は、相続財産の清算手続を行わなければならない。

正解　1）

4－3　遺言

《問》遺言に関する次の記述のうち、最も不適切なものはどれか。
1）遺言は、18歳以上の者でなければ作成することができない。
2）自筆証書遺言に財産目録を添付する場合、その目録については、自書しなくてもよいが各頁に署名押印しなければならない。
3）公正証書遺言は、証人2人以上の立会いのもと、遺言者が口授した遺言内容を公証人が筆記して作成される。
4）遺言書の保管者や遺言書を発見した相続人は、相続開始を知った後、遅滞なく、その遺言書について家庭裁判所の検認を受けなければならないが、公正証書遺言は検認の必要はない。

・解説と解答・

1）不適切である。遺言は15歳以上の者であれば作成できる。
2）適切である。2019年1月から、自筆証書遺言であっても財産目録を添付する場合には、その目録については、自書しなくてもよいこととなったが、その各頁に署名押印しなければならない。
3）適切である。
4）適切である。なお、2020年7月から法務局により「自筆証書遺言に係る遺言書」を保管する制度が開始され、保管された遺言書は家庭裁判所での検認手続が不要となった。

<u>正解　1）</u>

4－4　相続した土地建物の譲渡

《問》土地建物等を譲渡した場合の譲渡所得金額計算上における所有期間の判定の基礎となる取得の日や取得費等に関する次の記述のうち、最も適切なものはどれか。

1）相続（限定承認に係るものを除く）により取得した土地建物等を譲渡した場合の取得の日は、原則として、その相続に係る被相続人の取得の日でなく相続開始の日である。
2）土地建物等の譲渡の日は、当該土地建物等についての譲渡契約の効力発生の日であり、土地建物等を相手方に引き渡した日とすることは認められない。
3）個人が相続（限定承認に係るものを除く）によって取得した土地建物等の取得費は、その土地建物等の相続開始時の時価であり、その相続に係る被相続人の取得費を引き継ぐことはできない。
4）取得費については、実際の取得費の額が明らかであっても、譲渡収入金額の5％相当額とすることができる。

・解説と解答・

1）不適切である。贈与、相続（限定承認に係るものを除く）または遺贈（包括遺贈のうち限定承認に係るものを除く）により取得した資産については、原則としてその贈与者、被相続人また遺贈者がそれぞれ取得した日である。
2）不適切である。土地建物等の譲渡の日は、原則として、その土地建物等を相手方に引き渡した日であるが、農地等以外の土地建物等については売買契約効力発生の日、農地等については売買契約を締結した日でもよいことになっている。
3）不適切である。相続（限定承認に係るものを除く）、遺贈（包括遺贈のうち限定承認に係るものを除く）によって取得した土地建物等については、その相続に係る被相続人の取得費を引き継ぐ。
4）適切である。

<u>正解　4）</u>

4－5　相続税の取得費加算等

《問》相続等で取得した資産を譲渡した場合の「相続財産に係る譲渡所得
　　の課税の特例」(以下、「本特例」という)、いわゆる「相続税の取
　　得費加算」に関する次の記述のうち、最も適切なものはどれか。
1) 譲渡所得の金額の計算上、取得費として譲渡収入金額の 5 ％相当額
　　の概算取得費を適用した場合は、本特例の適用は受けられない。
2) 相続等で取得した資産の一部を譲渡して、本特例の適用を受けた場
　　合は、その後にその相続等で取得した他の資産を譲渡しても、再
　　度、本特例の適用を受けることはできない。
3) 譲渡資産が土地等の場合における取得費に加算される相続税額相当
　　額は、その相続した人の相続税額のうちその譲渡資産である土地等
　　に対応する金額である。
4) 本特例は、相続開始の日の翌日からその翌年12月31日までに、相続
　　等により取得した資産を譲渡した場合に限り適用が受けられる。

・解説と解答・

1) 不適切である。概算取得費を適用した場合であっても、他の適用要件を満
　　たしている限り、本特例の適用を受けることができる。
2) 不適切である。相続税の申告期限の翌日以後 3 年を経過する日までの譲渡
　　であれば、加算できる相続税額が残っている限り、何回でも適用が受けら
　　れる。
3) 適切である。2015年以後の相続等により取得した土地等を譲渡する場合
　　は、相続税のうち譲渡した土地等に対応する金額だけが取得費に加算され
　　る。
4) 不適切である。この特例は、相続または遺贈によって取得した資産を、そ
　　の相続等に係る相続開始があった日の翌日から相続税の申告書の提出期限
　　の翌日以降 3 年を経過する日までに譲渡した場合に適用される。

<u>正解　3)</u>

4－6　相続税の課税財産・非課税財産

> 《問》相続税が課税される財産として、次のうち最も適切なものはどれ
> 　　か。
> 　1）民法等において従たる権利とされる質権や抵当権
> 　2）相続により取得した財産を国に寄附した場合の当該寄附財産
> 　3）被相続人がその相続開始時に有していた事業上の売掛金や営業権、
> 　　　電話加入権
> 　4）被相続人が自動車事故により死亡し、加害者が加入していた自動車
> 　　　保険契約に基づき、被相続人の遺族である相続人が受け取った対人
> 　　　賠償保険金

・解説と解答・

　相続人は、被相続人の一身に専属したものを除き、被相続人の財産に属した一切の権利義務を承継する。財産に属する権利には、不動産や動産の所有権や占有権などの物権、預金や貸付金、役務の提供などに係る債権、著作権や特許権、商標権などの無体財産権など法律上の根拠を有するもののほか、営業権のような法律上の根拠を有しないものも含まれる。

　また、主な非課税財産には、墓所、霊びょうおよび祭具ならびにこれらに準ずるもの、条例による心身障害者共済制度に基づく給付金の受給権、相続人が取得した生命保険金等のうち一定の金額、相続人が取得した退職手当金等のうち一定の金額、相続税の申告書の提出期限までに国、地方公共団体、特定の公益法人等に贈与（寄附）した財産などがある。なお、香典は、被相続人に帰属しないため相続税の課税対象とはならない。

1）相続税は課税されない。
2）相続税は課税されない。ただし、相続税の負担が不当に減少する結果となると認められる場合を除く。
3）相続税は課税される。本来の相続財産には、被相続人が事業を営んでいた場合、事業上の売掛金等のほか営業権、電話加入権等が含まれる。
4）相続税は課税されない。対人賠償保険契約に基づき支払われる保険金は、遺族の所得であるが、損害賠償金の性格を有するものであり、非課税となる。

<u>正解　3）</u>

4 - 7 みなし相続財産

《問》相続税の非課税財産、みなし相続財産に関する次の記述のうち、最も不適切なものはどれか。

1）被相続人が死亡してから2年経過後に支給が確定した退職金は、みなし相続財産として相続税の課税対象になる。
2）相続開始時にはまだ保険事故が発生していない生命保険契約で、保険料を被相続人が負担していたものでも、契約者が被相続人以外の者であれば、その生命保険契約に関する権利は相続税の課税対象とならない。
3）被相続人の死亡が業務上死亡の場合、相続人が被相続人の勤務先から受け取る弔慰金は、実質的に退職手当等に該当する部分を除き、普通給与の3年分を超える部分の金額をみなし相続財産である退職手当金等として取り扱う。
4）生命保険金についての相続税の非課税規定は、相続税の申告をしなくても適用を受けることができる。

・解説と解答・

1）適切である。被相続人の死亡後3年以内に支給が確定した退職金は、みなし相続財産として相続税の対象になる。
2）不適切である。契約者が被相続人以外の場合はみなし相続財産として相続税の課税対象になる。契約者が被相続人である場合は、本来の相続財産として相続税の課税対象となる。
3）適切である。業務外の死亡の場合は、普通給与の6カ月分を超える部分の金額が退職手当金等に該当するものとして取り扱われる。
4）適切である。生命保険金の非課税金額の適用は申告を要件としていない。

正解　2）

4 － 8　相続開始前 3 年以内の贈与

《問》相続税の課税価格に加算される相続開始前 3 年以内の贈与財産に関する次の記述のうち、最も不適切なものはどれか。なお、相続時精算課税制度を適用している者はいないものとする。

1 ）相続または遺贈により財産を取得しなかった者が、相続開始前 3 年以内に被相続人から贈与を受けた財産の価額は、相続税の課税価格に加算されない。
2 ）相続開始前 3 年以内に被相続人から贈与を受けた財産であっても、贈与税の配偶者控除を受けた部分の金額は、相続税の課税価格に加算されない。
3 ）相続により財産を取得した者が、相続開始前 3 年以内に被相続人から贈与を受けた財産は、その価額が贈与税の基礎控除額110万円以内であっても、相続税の課税価格に加算される。
4 ）2024年 9 月15日に相続が開始した場合、相続税の課税価格の加算の対象となるのは、 3 年前の年の 1 月 1 日（2021年 1 月 1 日）以後に贈与を受けた財産である。

・解説と解答・

　相続または遺贈により財産を取得した者が、相続開始前 3 年以内に被相続人から贈与を受けていた財産（特定贈与財産を除く）に限り、その贈与財産の価額（贈与時の価額）を相続税の課税価格に加算する。特定贈与財産とは、贈与税の配偶者控除の対象となった受贈財産のうち、その配偶者控除に相当する部分（最高2,000万円）をいう。

　なお、加算する贈与財産に課税されていた贈与税は、算出した相続税額から控除（贈与税額控除）して二重課税が排除される。被相続人から相続または遺贈により財産を取得した者に限り、贈与財産を加算するので、相続または遺贈により財産を取得しなかった者（みなし相続財産を取得した者を除く）が贈与により取得した財産は加算しない。相続税の課税価格に加算した贈与財産の価額からは、債務控除はできない。

1 ）適切である。
2 ）適切である。
3 ）適切である。

4）不適切である。3年前の応当日（相続開始が2024年9月15日の場合、2021年9月15日）以後の贈与が対象となる。

　なお、2023年度税制改正により、2027年1月1日以後の贈与については、段階的に加算期間が延び、2031年1月1日以後は加算期間が7年になる。

正解　4）

4 - 9　弔慰金

《問》弔慰金の相続税における課税関係に関する次の記述のうち、最も適
切なものはどれか。なお、この弔慰金は、実質上、退職手当金等に
は該当しないものとする。
1) 弔慰金が業務上の死亡に基づき支給されたものであれば、その全額
が課税対象外である。
2) 弔慰金は、死因の業務との関連や金額の多寡を問わず、その全額が
相続税の課税対象外とされる。
3) 業務上の死亡でないときに支払われるものは、弔慰金のうち、死亡
当時の普通給与の 6 カ月分までは相続税の課税対象外とされ、それ
を超える金額は退職手当金等とみなされる。
4) 弔慰金は、会社から遺族に対する贈与なので、遺族の一時所得とし
て所得税および住民税が課される。

・解説と解答・

　被相続人の死亡により被相続人に支給されるべきであった退職手当金、功労
金その他これらに準ずる給与（弔慰金、花輪代、葬祭料等のうち実質的に退職
手当金の性質を有するものを含む）で、被相続人の死亡後 3 年以内に支給が確
定したものを相続人等が取得した場合は、その退職手当金等は、相続等により
取得したものとみなされる。弔慰金、花輪代、葬祭料等（弔慰金等）は、本来
退職手当金等とは性格が異なるものであり、かつ、遺族に対して直接支出され
るものであるから、退職手当金等とはいえない。しかし、弔慰金等の名目で遺
族に支給された金品であっても、相続人等が支給を受けた弔慰金等のうち、実
質退職手当金等に該当すると認められるものを除き、次の①②の区分に応じ、
それぞれに掲げる金額を超える部分の金額を退職手当金等として取り扱うこと
としている。
　①　業務上の死亡の場合……普通給与の 3 年分
　②　業務外の死亡の場合……普通給与の 6 カ月分
　したがって、3) が適切である。

正解　3)

4－10　債務控除・葬式費用

> 《問》次の債務・葬式費用のうち、相続税の課税価格の計算上、相続財産から控除できるものはどれか。
> 1）被相続人が生前に取得した不動産購入時の未払金
> 2）被相続人が生前に取得した墓地購入時の未払金
> 3）団体信用生命保険付きの住宅ローン
> 4）香典返しの費用

・解説と解答・

　相続の際の債務・葬式費用には、相続税の計算の控除対象となるものと、控除対象とならないものとがある。

1）控除できる。

2）控除できない。墓地は相続税の非課税財産に該当する。よって、この非課税財産の取得のための債務は債務控除の対象とはならない。

3）控除できない。

4）控除できない。葬儀の際にかかった費用は債務控除の対象となるが、香典返しや法要（初七日、四十九日など）にかかる費用はその対象とならない。

正解　1）

4 −11　遺産に係る基礎控除額

《問》相続税における「遺産に係る基礎控除額」の計算における法定相続
　　人の数に関する次の記述のうち、最も不適切なものはどれか。
　1）被相続人の実子が被相続人の相続開始前に既に死亡している場合、
　　　その相続権を代襲して相続人となった孫は、法定相続人の数に含ま
　　　ない。
　2）相続税の計算において、法定相続人の数に含める被相続人の養子の
　　　数は、原則として、被相続人に実子がいる場合は1人まで、被相続
　　　人に実子がいない場合は2人までとされる。
　3）被相続人との特別養子縁組により被相続人の養子となっている者
　　　は、実子として扱われ、法定相続人の数に含まれる。
　4）相続人となるべき胎児が相続税の申告書の提出期限までに出生して
　　　いない場合、当該胎児は相続人の数に含まない。

・**解説と解答**・

　相続税法上の法定相続人の数は、民法の規定による「相続人の数」とは異な
る。
（1）相続の放棄があった場合には、その放棄がなかったものとする。
（2）被相続人に養子がいる場合には、法定相続人の数に算入できる養子の数
　　が次のとおりとなる。
　　・被相続人に実子がいる場合は1人
　　・被相続人に実子がいない場合は2人まで
　この場合、特別養子縁組による養子となった者、配偶者の実子で被相続人の
養子となった者、配偶者の特別養子縁組による養子となった者で被相続人の養
子となった者、実子等の代襲相続人は、実子とみなされる。
1）不適切である。法定相続人の数に含まれる。
2）適切である。
3）適切である。
4）適切である。相続開始時に胎児がいる場合、その胎児はいないものとして
　　課税価格の計算や申告を行い、胎児が産まれた後、再計算して手続する。

正解　1）

4－12 配偶者に対する相続税額の軽減

《問》相続税における配偶者に対する相続税額の軽減に関する次の記述の
うち、最も適切なものはどれか。

1) 配偶者に対する相続税額の軽減の措置は、被相続人との婚姻期間が
20年を超えていなければ、その適用を受けることができない。

2) 配偶者に対する相続税額の軽減の措置は、遺産分割等により配偶者
の取得財産が具体的に確定していなければ、その適用を受けること
ができない。

3) 配偶者に対する相続税額の軽減の措置の適用を受けることにより、
相続税額が0円となる場合は、相続税の申告書を提出しなくてもよ
い。

4) 配偶者が取得した相続財産の課税価格が1億6,000万円を超える場
合は、それが相続税の課税価格の合計額に配偶者の法定相続分を乗
じた金額の範囲内であっても、相続税が課税される。

・解説と解答・

1) 不適切である。配偶者に対する相続税額の軽減の措置の適用要件として、
婚姻期間の制限はない。なお、配偶者が無制限納税義務者または制限納税
義務者のいずれに該当する場合であっても適用があるが、婚姻の届出をし
ていないいわゆる内縁関係にある者には適用されない。

2) 適切である。

3) 不適切である。配偶者に対する相続税額の軽減の措置の適用を受けるため
には、控除後の税額が0円となる場合であっても、その適用を受ける旨等
一定の事項を記載した相続税の申告書および所定の添付書類を提出しなけ
ればならない。

4) 不適切である。課税価格の合計額に対する配偶者の法定相続分までの財産
に対しては、配偶者に相続税は課税されず、たとえそれを超えたとしても
1億6,000万円までの財産の取得に対しては課税されない。

正解 2)

4 −13 相続税における障害者控除

《問》相続税における障害者控除に関する次の記述のうち、最も適切なものはどれか。
 1 ）障害者控除は、相続や遺贈により財産を取得した障害者が法定相続人または受遺者である場合に適用がある。
 2 ）一般障害者に係る障害者控除額は、10万円にその障害者が80歳に達するまでの年数を乗じた金額である。
 3 ）障害者控除額が、その障害者の相続税額から控除しきれずに控除不足額が生じた場合、その控除不足額は、その障害者の扶養義務者の相続税額から控除できる。
 4 ）特別障害者に係る障害者控除額は、15万円にその障害者が85歳に達するまでの年数を乗じた金額である。

・解説と解答・

　相続または遺贈により財産を取得した者が、被相続人の法定相続人で、かつ、85歳未満の障害者である場合には、その者の算出税額から満85歳に達するまでの 1 年につき10万円（特別障害者は20万円）を乗じた金額を控除する（相法19の 4 ）。

　適用対象者は、居住無制限納税義務者であること、被相続人の法定相続人であること、85歳未満の者でかつ障害者に該当することを要する。障害者（一般障害者）とは、精神または身体に障害のある者で一定のものをいい、特別障害者とは、障害者のうち、精神上の障害により事理を弁識する能力を欠く常況にある者など、精神または身体に重度の障害がある者で一定のものをいう。

1 ）不適切である。障害者控除は、居住無制限納税義務者である被相続人の法定相続人に限って適用がある。
2 ）不適切である。一般障害者の場合、10万円に相続開始時点から85歳に達するまでの年数を乗じた金額が障害者控除額となる。
3 ）適切である。
4 ）不適切である。特別障害者の場合、20万円に相続開始時点から85歳に達するまでの年数を乗じた金額が障害者控除額となる。

正解　3 ）

4－14　相続税額の2割加算

《問》被相続人Aさんの親族関係図は、下記のとおりである。Aさんに係る相続によりBさん、Cさん、Fさんの3人が財産を取得した場合、相続税額の計算上、2割加算の対象となる者は、次のうちどれか。なお、①、②の条件を考慮すること。

①二男Dさんは、Aさんの相続開始前に既に死亡している。
②孫Fさんは、Aさんと養子縁組をしている。

1）対象者なし
2）長男C
3）孫F
4）長男Cと孫F

・解説と解答・

　相続、遺贈や相続時精算課税に係る贈与により財産を取得した者が、その被相続人の一親等の血族および配偶者以外の者である場合は、その者の算出相続税額にその税額の2割相当額を加算した金額が納付すべき相続税額となる。

　なお、被相続人の養子となった被相続人の孫（代襲相続人である者を除く）もこの2割加算の対象となる。

　長男CはAの子であり、孫Fは二男Dの代襲相続人であるので、いずれも2割加算の対象ではない。したがって1）が正解である。

<u>正解　1）</u>

4-15　相続税の申告

《問》次の記述のうち、相続税の申告が必要ないケースはどれか。なお、税額控除および課税価格の計算の特例等については、各選択肢に記述のあるもの以外は考慮しないものとする。また、相続開始日は2024年4月1日とする。

1) 相続税の課税価格の合計額が4,000万円で、相続人が被相続人の配偶者と兄弟2人の合計3人であるとき、兄弟2人が相続を放棄し相続人が配偶者1人になった場合
2) 相続人が被相続人の配偶者と子2人の合計3人で、配偶者と子2人以外に被相続人の相続、遺贈により財産を取得した者がいない場合において、被相続人の居住の用に供されていた宅地等を、配偶者が相続し、小規模宅地等についての相続税の課税価格の計算の特例を適用すると相続税の課税価格の合計額が4,800万円となる場合
3) 相続人が被相続人の配偶者1人で、配偶者以外に被相続人の相続、遺贈により財産を取得した者がいない場合において、配偶者に対する相続税額の軽減の規定を適用すると納付すべき税額が0（ゼロ）となる場合
4) 相続税の課税価格の合計額が5,000万円で、被相続人に配偶者と実子1人、普通養子2人がいる場合

・解説と解答・

1) 申告の必要はない。兄弟の放棄があっても相続人は3人で計算されるため基礎控除額は4,800万円であり、申告の必要はない。
2) 申告が必要である。小規模宅地等についての相続税の課税価格の計算の特例は、相続税の申告書に、この適用を受けようとする旨の記載および所定の書類の添付がある場合に限り、適用される。
3) 申告が必要である。配偶者の相続税の税額軽減は申告をすることで適用が受けられるので、申告が必要である。
4) 申告が必要である。被相続人に実子がいる場合、遺産に係る基礎控除額の計算の際の法定相続人の数に含める普通養子は、1人までである。

正解　1)

4－16　相続税の延納・物納

《問》相続税の延納、物納に関する次の記述のうち、最も不適切なものは
　どれか。

1）物納に充てることができる財産には、その種類による申請順位があ
　り、不動産は第1順位、上場株式や非上場株式は第2順位、動産は
　第3順位とされている。

2）相続税の物納は、延納によっても金銭で納付することが困難である
　場合に、その納付を困難とする金額を限度として認められる。

3）被相続人から相続時精算課税による贈与により取得した財産は、相
　続税の課税価格の計算の基礎となった財産であっても、物納に充て
　ることはできない。

4）相続税の延納の許可を受けるにあたって、延納税額が100万円を超
　える場合または延納期間が3年を超える場合には、延納税額および
　利子税の額に相当する担保を提供しなければならない。

・解説と解答・

1）不適切である。物納の順位は、第1順位として①不動産、船舶、国債証
　　券、地方債証券、上場株式等、②不動産および上場株式のうち物納劣後財
　　産に該当するもの、第2順位として、①非上場株式等、②非上場株式のう
　　ち物納劣後財産に該当するもの、第3順位として、動産である。なお、物
　　納財産を国が収納するときの価額は、原則として相続税の課税価格計算の
　　基礎となったその財産の価額であるが、小規模宅地等の特例の適用を受け
　　た相続財産を物納する場合の収納価額は、特例適用後の価額となる。

2）適切である。

3）適切である。

4）適切である。

正解　1）

4-17 贈与税の非課税財産

《問》贈与税の非課税財産に関する次の記述のうち、最も不適切なものは
どれか。
1) 個人が法人から贈与を受けた財産は、贈与税の課税対象とならな
い。
2) 親子等の扶養義務者間における生活費または教育費のための贈与は
非課税なので、将来の教育費に充てる予定で、親の定期預金を子の
名義に変更した場合は、贈与税の課税対象となることはない。
3) 市長選挙の候補者が選挙運動に関し贈与を受けた財産で、公職選挙
法の規定による報告がなされたものは、贈与税の課税対象とならな
い。
4) 病気入院中に個人から受け取った見舞金で儀礼程度のものは、贈与
税の課税対象とならない。

・解説と解答・

1) 適切である。法人からの贈与財産に対しては贈与税は課されず、受贈者の
一時所得（給与所得となる場合もある）として所得税と住民税が課され
る。
2) 不適切である。扶養義務者間における生活費または教育費のための贈与
は、社会常識の範囲内で行われる限り非課税とされる。しかし、生活費・
教育費といった名目で贈与を受けたものであっても、必要のつど贈与を受
けて、ただちにその目的のために使うのではなく、受贈者が預金すると
か、株式や不動産の購入代金に充てたりすると、その部分は贈与税の課税
対象となる。
3) 適切である。公職選挙法の適用を受ける選挙の候補者が選挙運動に関して
個人から贈与により受けた財産で、公職選挙法に基づく収支の報告書に記
載されたものは、贈与税は非課税とされる。
4) 適切である。個人から受ける香典・花輪代、年末年始の贈答、お祝いまた
は見舞い等のための金品は、社会通念上相当なものについては、贈与税を
課税しないこととされている。

正解 2)

4−18　みなし贈与財産

《問》贈与税のみなし贈与財産に関する次の記述のうち、最も不適切なものはどれか。

1）夫が保険料を支払っていた生命保険が満期になったことにより、妻が満期保険金を受け取った場合、その保険金相当額は、贈与により取得したものとみなされる。

2）受益者が委託者以外の者である信託契約で、信託の効力が生じ、適正な対価を負担せずにその信託の受益者となった者は、その信託の受益権を委託者から贈与により取得したものとみなされる。

3）時価と比べて著しく低い対価の額で土地を譲り受けた場合、その土地の時価と支払った対価の差額は、原則として贈与により取得したものとみなされる。

4）資力を失い債務の弁済が困難となっている者が、債務の弁済に充てる目的で、その扶養義務者から時価と比べて著しく低い対価の額で財産を譲り受けた場合であっても、時価と支払った対価の差額は、贈与により取得したものとみなされる。

・解説と解答・

1）適切である。保険料負担なしで保険金を受け取った場合は、相続税が課税される場合を除き、保険料負担者から贈与を受けたものとみなされる。

2）適切である。親が自分の財産を信託して、その信託の元本または収益の受益者を子どもに指定した場合などは、子どもは信託契約によって、その信託の利益を受けることになるので、特別障害扶養信託契約に基づく財産の一定金額までの信託等を除いて贈与とみなされる。

3）適切である。時価と比べて著しく低い対価で譲渡があった場合も贈与とみなされる。なお、ここでいう時価とは、譲渡の対象が土地や建物である場合は、相続税評価額ではなく、通常の取引価額をいう。

4）不適切である。その譲渡を受ける者が資力を失い債務を弁済することが困難である場合に、その者の扶養義務者から債務の弁済に充てるためになされたものであるときは、そのうち債務を弁済することが困難である部分の金額は贈与とみなさないこととされている。

<u>正解　4）</u>

4－19 贈与税の配偶者控除

《問》贈与税の配偶者控除の適用を受けるための要件として、次のうち最
も不適切なものはどれか。
1）贈与により取得した居住用不動産は、その相続税評価額が2,000万
円以下のものであること。
2）金銭の贈与を受けた場合は、翌年3月15日までにその金銭をもって
実際に居住用不動産を取得し受贈者の居住の用に供していること。
3）居住用不動産の贈与を受けた場合は、翌年3月15日までに受贈者の
居住の用に供していること。
4）贈与税の配偶者控除の適用を受けることにより贈与税額がゼロとな
る場合でも贈与税の申告書を提出すること。

・解説と解答・

　夫婦間で居住用不動産等の贈与があった場合で、下記の要件を満たす場合は
課税価格から2,000万円（居住用不動産の価額が2,000万円未満の場合はその価
額）の配偶者控除が受けられる。
　①　贈与の時点で婚姻期間が20年以上の夫婦間の贈与であること。
　②　財産は、居住用不動産や居住用不動産を取得するための金銭で実際に居
　　住用不動産の取得に充てられたものであること。
　③　贈与の翌年の3月15日までに居住用財産を受贈者の居住の用に供してお
　　り、かつ、その後も引き続き居住の用に供する見込みであること。
　④　同一の配偶者から過去にこの特例の適用を受けていないこと。
　⑤　贈与税の申告期限までに贈与税の申告書を提出すること。
　贈与を受ける居住用不動産の金額については制限がないので、1）は不適切
である。

正解　1）

4−20　相続時精算課税制度

《問》相続時精算課税制度に関する次の記述のうち、最も適切なものはどれか。

1）父からの贈与につき相続時精算課税を選択した者は、父以外の者からの贈与についても、暦年課税制度の基礎控除額（年間110万円）を控除することはできない。

2）相続時精算課税の適用対象となるのは、原則として、贈与者が60歳以上の親、受贈者が16歳以上の子である推定相続人である。

3）母からの贈与について初めて相続時精算課税を選択し、現金4,000万円の贈与を受けた場合、この贈与に係る贈与税額は150万円である。

4）相続時精算課税を選択しようとする受贈者は、その選択に係る最初の贈与を受けた年の翌年2月1日から3月15日までの間に、所轄税務署長にその旨の届出をしなければならない。

・解説と解答・

1）不適切である。相続時精算課税制度に係る贈与者である親（本問の父）からの贈与について、基礎控除110万円は控除できるが、その者以外の者からの贈与については、暦年課税制度により贈与税を計算する。

2）不適切である。2023年4月1日以降、受贈者は贈与の年の1月1日において18歳以上の子である推定相続人である。

3）不適切である。（4,000万円−110万円−特別控除額2,500万円）×20％＝278万円

4）適切である。選択する最初の贈与を受けた年の翌年2月1日から3月15日までの間に、贈与税の申告書にその旨の届出書を添付して所轄税務署長に提出する。

正解　4）

4−21 直系尊属からの住宅取得等資金の贈与

《問》「直系尊属から住宅取得等資金を受けた場合の贈与税の非課税」(以下、「本特例」という)に関する次の記述のうち、最も不適切なものはどれか。
1) 本特例の対象となる贈与者は、受贈者の直系尊属に限られ、兄弟姉妹や配偶者の父母からの贈与については適用の対象とならない。
2) 本特例の適用を受けるためには、贈与を受けた年の翌年3月15日までに居住用家屋の取得等をする必要がある。
3) 本特例の適用を受けるにあたっては、暦年課税、相続時精算課税のいずれの場合にも適用を受けることができる。
4) 本特例は、贈与された資金を既存の住宅ローンの返済に充てた場合にも適用される。

解説と解答

2024年1月1日から2026年12月31日までの間に、父母や祖父母など直系尊属からの贈与により、自己の居住の用に供する住宅用の家屋の新築、取得または増改築等の対価に充てるための金銭を取得した場合において、一定の要件を満たすときは、贈与を受けた者ごとに、非課税限度額（省エネ等住宅の場合には1,000万円まで、それ以外の住宅の場合には500万円）まで、贈与税が非課税となる。住宅用家屋の床面積は、登記簿上の床面積が$50m^2$以上（一定の場合は$40m^2$以上）$240m^2$以下で、かつ、その家屋の床面積の2分の1以上に相当する部分が受贈者の居住の用に供されるものであることを要する。なお、住宅取得等資金の贈与をした者が当該住宅取得等資金の贈与をした年中に死亡した場合には、所定の書類を添付した贈与税の申告書を申告期限までに提出すれば、本特例の適用を受けることができる。
1) 適切である。
2) 適切である。なお、対象となる中古住宅について、2022年以降は築年数要件が廃止され、新耐震基準に適合している住宅であることとされた。
3) 適切である。
4) 不適切である。贈与された資金を既存の住宅ローンの返済に充てた場合は適用対象外となる。

正解 4)

4 −22　直系尊属からの教育資金の贈与

《問》「直系尊属から教育資金の一括贈与を受けた場合の贈与税の非課税」
　　（以下、「本制度」という）に関する次の記述のうち、最も不適切な
　　ものはどれか。
1 ）本制度の適用を受けるにあたっては、教育資金管理契約を締結する
　　日において、贈与者は60歳以上であり、受贈者は30歳未満でなけれ
　　ばならない。
2 ）本制度における非課税拠出額の限度額は、受贈者 1 人につき1,500
　　万円である。
3 ）受贈者が30歳に達したことにより教育資金管理契約が終了した場合
　　において、その教育資金管理契約に係る非課税拠出額から教育資金
　　支出額を控除した残額があるときは、一定の場合を除き、その残額
　　について受贈者が30歳に達した日の属する年の贈与税の課税価格に
　　算入する。
4 ）信託受益権または金銭等を取得した日の属する年の前年の受贈者の
　　所得税に係る合計所得金額が1,000万円を超える場合には、本制度
　　の適用を受けることはできない。

● 解説と解答 ●

1 ）不適切である。本制度において贈与者に年齢要件はない。
2 ）適切である。
3 ）適切である。なお、2019年 7 月 1 日以後に受贈者が30歳に達する場合、そ
　　の時点において現に①学校等に在学し、または②教育訓練給付金の支給の
　　対象となる教育訓練を受講しているときには、その時点で残高があっても
　　贈与税を課税しないこととする。その後①または②のいずれかに該当する
　　期間がなかった場合におけるその年の12月31日に、その時点の残高に対し
　　て贈与税を課税することとする。
4 ）適切である。

正解　 1 ）

4−23 土地・建物の評価⑴

《問》相続税における土地の評価に関する次の記述のうち、最も適切なものはどれか。
1) 宅地を評価する際に、路線価方式と倍率方式のいずれか有利な方式を選択できる。
2) 倍率方式により評価する宅地の価額は、「宅地の時価×倍率」により算出される。
3) 貸家建付地の価額は、「自用地評価額×(1−借地権割合×借家権割合×賃貸割合)」により算出される。
4) マンション敷地権（土地）の価額は、マンション全体の価額にその区分所有する建物の価額の割合を乗じて評価する。

・解説と解答・

　相続財産の評価方法は財産ごとに定められている。
1) 不適切である。選択することはできない。その宅地の所在する地域により路線価地域の宅地は路線価方式で、また、倍率地域の宅地は倍率方式により評価する。路線価図において、路線価は、その路線に面する標準的な宅地の$1m^2$当たりの価額（千円単位で表示）を示しており、記号は、借地権割合（A＝90%、B＝80%、C＝70%、D＝60%、E＝50%、F＝40%、G＝30%）を示している。
2) 不適切である。倍率方式による宅地の価額は「固定資産税評価額×倍率」で評価される。
3) 適切である。
4) 不適切である。マンション敷地権（土地）の価額は、マンションの敷地全体の価額にその区分所有する建物に係る敷地権の割合を乗じて評価する。

正解　3）

4-24 土地・建物の評価(2)

《問》相続税における土地・建物の評価に関する次の記述のうち、最も適
切なものはどれか。
1）貸宅地は、「自用地評価額×借地権割合」により評価する。
2）マンションの建物（区分所有する建物）の価額は、マンション全体
の価額にその区分所有する建物の価額の割合を乗じて評価する。
3）私道は、「自用地評価額×0.5」で評価する。
4）貸家は、「固定資産税評価額×（1－借家権割合×賃貸割合）」によ
り評価する。

・解説と解答・

1）不適切である。貸宅地は、「自用地評価額×（1－借地権割合）」により評
価する。
2）不適切である。マンションの建物（区分所有する建物）の価額は、固定資
産税評価額により評価する。
3）不適切である。私道は、原則として「自用地評価額×0.3」で評価するが、
不特定多数の者の通行の用に供されている場合には評価しない。
4）適切である。なお、自用家屋は、「固定資産税評価額×1.0」によって算出
した価額により評価する（財産評価基本通達89、別表一）。また、課税時
期において現に建築中の家屋の価額は、その家屋の費用現価の100分の70
に相当する金額によって評価する（財産評価基本通達91）。
　借家権は、「89《家屋の評価》、89-2《文化財建造物である家屋の評価》
または92《附属設備等の評価》の定めにより評価したその借家権の目的と
なっている家屋の価額×借家権割合×賃借割合」によって評価するが、こ
の権利が権利金等の名称をもって取引される慣行のない地域にあるものに
ついては、評価しない（財産評価基本通達94）。

正解　4）

4－25　小規模宅地等の評価減

《問》「小規模宅地等についての相続税の課税価格の計算の特例」（以下、「本特例」という）における適用限度面積と減額割合等に関する次の記述のうち、最も不適切なものはどれか。

1）特定居住用宅地等に該当する宅地等のみについて本特例の適用を受ける場合、適用限度面積は330m²であり、その減額割合は80％である。

2）特定事業用宅地等に該当する宅地等のみについて本特例の適用を受ける場合、適用限度面積は400m²であり、その減額割合は80％である。

3）貸付事業用宅地等に該当する宅地等のみについて本特例の適用を受ける場合、適用限度面積は200m²であり、その減額割合は50％である。

4）特定居住用宅地等に該当する宅地等と特定事業用宅地等に該当する宅地等について本特例の適用を受ける場合、適用限度面積は、両者を合わせて最大400m²であり、その減額割合は80％である。

● 解説と解答 ●

　相続または遺贈によって取得した財産のうちに、相続開始の直前において被相続人等（被相続人または被相続人と生計を一にしていた被相続人の親族）の事業の用または居住の用に供されていた宅地等で、一定の建物等の敷地の用に供されているもの（特例対象宅地等）がある場合、これらの宅地等を取得したすべての相続人等の同意により選択したもの（選択特例対象宅地等）については、限度面積までの部分に限り、相続税の課税価格に算入すべき価額の計算上、一定の割合を減額することができる。

　1）、2）、3）は適切である。4）は、不適切である。特定居住用宅地等に該当する宅地等と特定事業用等宅地等に該当する宅地等について本特例の適用を受ける場合、それぞれの適用限度面積は、特定居住用宅地等につき330m²、特定事業用等宅地等につき400m²であり、合計730m²まで適用を受けることが可能である。

正解　4）

4 −26　上場株式の評価

《問》Aさんは2024年9月10日に死亡した。Aさんが所有していた甲社株
式（上場株式）の相続税評価額として正しいものは、次のうちどれ
か。

〈資料〉甲社株式の株価
・2024年7月中の最終価格の平均額…1,350円
・2024年8月中の最終価格の平均額…1,400円
・2024年9月中の最終価格の平均額…1,450円
・2024年9月10日の最終価格　　…1,500円

1）1,350円
2）1,400円
3）1,450円
4）1,500円

・解説と解答・

上場株式の価額は、その株式が上場されている金融商品取引所の公表する次
の①の価額によって評価する。ただし、①の価額が、②〜④のうち最も低い価
額を超える場合には、その最も低い価額によって評価する。
①　課税時期の最終価格
②　課税時期の属する月の毎日の最終価格の月平均額
③　課税時期の属する月の前月の毎日の最終価格の月平均額
④　課税時期の属する月の前々月の毎日の最終価格の月平均額
なお、負担付贈与または個人間の対価を伴う取引により取得した上場株式の
価額は、その株式が上場されている金融商品取引所の公表する課税時期の最終
価格によって評価する。
したがって、設問の場合、1,350円が相続税における評価額となる。

正解　1）

4 −27　取引相場のない株式の評価

《問》取引相場のない株式の 1 株当り純資産価額の計算に関する次の記述
のうち、最も不適切なものはどれか。
1) 純資産価額は、課税時期が評価会社の期末日でないときには、原則
として課税時期に仮決算を行って課税時期における資産および負債
の金額を基に計算するが、直前期末から課税時期までの間に資産お
よび負債の金額に大きな増減のない場合は、直前期末現在の資産お
よび負債の金額を対象として計算してもよい。
2) 評価会社が税効果会計を適用しているため繰延税金資産または繰延
税金負債の金額が貸借対照表に計上されていても、これらは純資産
価額の計算上、資産や負債に計上しない。
3) 経営者の死亡により会社がその遺族に支給することとなった死亡退
職金は、その経営者の所有するその会社の株式の純資産価額の計算
上、負債に計上できる。
4) 純資産価額の計算上、貸借対照表に計上されている貸倒引当金は負
債として計上できるが、賞与引当金は負債として計上できない。

・解説と解答・

1) 適切である。課税時期に仮決算を行っていないため課税時期の資産および
負債の金額が明確でない場合は、直前期末から課税時期までの間に資産お
よび負債の金額に大きな増減がなければ、直前期末の現在の資産・負債の
金額を基として計算しても差し支えない。
2) 適切である。繰延税金資産と繰延税金負債は、資産または負債の性格を有
するとされているが、純資産価額計算上は、繰延税金資産は将来、法人税
等の税金の減額・還付が確実に約束された財産ではなく、繰延税金負債は
将来、確実に負担すべき税金ではないため、それぞれ確実な債権または債
務とはいえないので、資産または負債に計上しないで純資産価額を計算す
る。
3) 適切である。
4) 不適切である。貸倒引当金や納税引当金などの引当金や準備金は、純資産
価額の計算上、負債に計上できない。

正解　4)

〈評価の手順〉

①株主の判定	②会社規模の判定	③特定評価会社の判定	④評価方法の決定（原則）	（容認）
同族株主等（支配権を持たない少数株主を除く）	・大会社 ・中会社（大・中・小） ・小会社	特定の評価会社でない	・大会社：類似業種比準方式 ・中会社：併用方式（Lの割合は、大＝0.90、中＝0.75、小＝0.60）	純資産価額方式
			・小会社：純資産価額方式	併用方式（L＝0.5）
		特定の評価会社である	原則、純資産価額方式	
同族株主等以外	→	→	配当還元方式	

4 −28　純資産価額方式

《問》純資産価額方式による株式の評価額の計算方法に関する次の記述の
うち、最も不適切なものはどれか。
1 ）相続税評価額による資産の合計額を算出するにあたって、資産のう
ちに課税時期前 5 年以内に取得した土地・建物がある場合は、その
価額については、課税時期現在の通常の取引価額によって評価する
こととされている。
2 ）負債の合計額を算出するにあたって、決算上は負債とされている貸
倒引当金については、負債として計上できない。
3 ）負債の合計額を算出するにあたって、未払いの法人税については、
負債として計上できる。
4 ）負債の合計額を算出するにあたって、経営者等の死亡により、その
会社がその相続人等に支給することが確定した死亡退職金について
は、その経営者の所有するその会社の株式の評価において、負債と
して計上できる。

・解説と解答・

　純資産価額方式とは、「課税時期における評価会社の各資産の相続税評価額
の合計額」から、「課税時期における評価会社の各負債の金額の合計額」およ
び「評価差額に対する法人税額等に相当する金額」を控除した金額を、「課税
時期における評価会社の発行済株式数」で除して求めた金額により評価する方
式をいう。
1 ）不適切である。課税時期前 3 年以内に取得した土地・建物は、通常の取引
金額によって純資産価額を計算する。
2 ）適切である。会社決算上の負債とされている引当金や準備金の金額は、純
資産価額の計算上は負債として認められない。
3 ）適切である。未払いの法人税、消費税、事業税等は、純資産価額の計算上
は、負債として計上できる。
4 ）適切である。被相続人の死亡に伴ってその相続人等に支払うことが確定し
た死亡退職金は、純資産価額の計算上は、負債として計上できる。

正解　1 ）

4 −29 類似業種比準方式

《問》類似業種比準方式により株式の評価をする場合、評価する会社の各
比準要素に関する次の記述のうち、最も不適切なものはどれか。
1）類似業種の株価は、課税時期の属する月の類似業種の平均株価、課
税時期の属する月の前月の類似業種の平均株価、課税時期の属する
月の前々月の類似業種の平均株価、類似業種の前年平均株価および
課税時期の属する月以前2年間の平均株価のうち、いずれか低い額
である。
2）比準要素である評価会社の1株当りの配当金額は、直前期末以前1
年間における1株当りの配当金額と、直前期末以前2年間における
1株当りの配当金額の平均額のうち、いずれか低い額である。
3）比準要素である評価会社の1株当りの利益金額は、法人税の課税所
得金額を基に、直前期末以前1年間における1株当りの利益金額
と、直前期末以前2年間における1株当りの利益金額の平均額のう
ち、いずれかを選択することができる。
4）比準要素である評価会社の1株当りの簿価純資産価額は、直前期末
における資本金等の額および利益積立金の合計額を基に計算した税
務上の1株当りの純資産価額である。

・解説と解答・

1）適切である。類似業種の株価は、課税時期の属する月以前3カ月の各月の
類似業種の株価のうち、最も低いものとする。ただし、納税義務者の選択
により、類似業種の前年平均株価ならびに課税時期の属する日以前2年間
の平均株価によることができる。
2）不適切である。比準要素である評価会社の1株当りの配当金額は、直前期
末以前2年間におけるその会社の剰余金の配当金額（特別配当、記念配当
等は除く）の合計額の2分の1に相当する金額を発行株式数で除して計算
した金額である。直前期末以前1年間における1株当りの配当金額を選択
することはできない。
3）適切である。
4）適切である。

正解　2）

第 5 章

法人税・消費税

5－1　法人税の仕組み(1)

> 《問》法人税に関する次の記述のうち、最も不適切なものはどれか。
> 1）内国法人とは国内に本店または主たる事務所を有する法人をいい、内国法人の納税地は、原則として、その本店または主たる事務所の所在地である。
> 2）内国法人は、各事業年度終了の日の翌日から1月以内に、所轄税務署長に対し確定した決算に基づき一定の事項を記載した申告書等を提出しなければならない。
> 3）青色申告法人については、青色申告書を提出した事業年度に生じた欠損金の繰越控除などの特典がある。
> 4）既に提出した確定申告書に記載した税額が過大であった場合などにおいては、所定の期間内に限り所轄税務署長に対し更正の請求をすることができる。

・解説と解答・

1）適切である。納税地は、単に法人税を納付する場所だけをいうのではなく、申告、申請、請求、届出等法人が法人税法に基づく義務の履行や権利を行使する場合のすべての事項の処理を行う場所をいい、それぞれの法人を管轄する税務署を定める基準となる場所である。

2）不適切である。原則として、各事業年度終了の日の翌日から2月以内に、所轄税務署長に対し確定した決算に基づき一定の事項を記載した申告書等を提出しなければならない。

3）適切である。法人税法上、青色申告書を提出した事業年度に生じた欠損金の10年間繰越控除のほか、欠損金の繰戻しによる法人税額の還付、帳簿書類の調査に基づく更正（計算誤りが明白な場合を除く）、更正通知書への理由付記、推計による更正または決定の禁止の特典があり、租税特別措置法においては、特別償却または割増償却、各種準備金等の積立額等の損金算入、各種の法人税額の特別控除、各種の所得の特別控除等、中小企業者等の少額減価償却資産の取得価額の損金算入などが認められる。

4）適切である。

正解　2）

5－2　法人税の仕組み(2)

《問》法人税に関する次の記述のうち、最も不適切なものはどれか。
 1 ）法人税法上の法人には、普通法人、公益法人等、人格のない社団等
　　などの種類があり、それぞれの種類について納税義務の有無や課税
　　所得等の範囲が定められている。
 2 ）法人税における事業年度は、法令または定款等により定められた 1
　　年以内の会計期間がある場合はその期間をいう。
 3 ）減価償却費を損金の額に算入するにあたっては、確定した決算にお
　　いて償却費として損金経理することが要件とされている。
 4 ）新たに設立された株式会社が、設立第 1 期から青色申告を行う場合
　　は、設立の日から 6 カ月以内に、「青色申告の承認申請書」を納税
　　地の所轄税務署長に提出し、その承認を受けなければならない。

・解説と解答・

1 ）適切である。法人税の納税義務者は法人であり、その法人には普通法人、
　公益法人等、人格のない社団等などの種類があり、それぞれの種類につい
　て納税義務や課税される所得（例えば、公益法人では収益事業から生じた
　所得に対して課税する）等の範囲が定められている。
2 ）適切である。一般的には、 4 月 1 日から翌年 3 月31日といった任意の 1 年
　間となる。
3 ）適切である。
4 ）不適切である。新たに設立された法人が設立第 1 期より青色申告の適用を
　受けようとする場合、設立の日以後 3 カ月を経過した日と設立後最初の事
　業年度終了の日とのうちいずれか早い日の前日までに「青色申告の承認申
　請書」を納税地の所轄税務署長に提出し、その承認を受けなければならな
　い。

正解　 4 ）

5－3　法人税の計算

《問》法人税における所得の金額の計算に関する次の記述のうち、最も不適切なものはどれか。なお、「別表四」とは、法人税における確定申告書「別表四　所得の金額の計算に関する明細書」をいう。

1) 損益計算書で費用として計上された減価償却費のうち、税法上、償却限度額を超過する額がある場合は、その額を別表四で加算する。
2) 損益計算書で費用として計上された貸倒引当金繰入額のうち、税法上、繰入限度額を超過する額がある場合は、その額を別表四で減算する。
3) 損益計算書で費用として計上された交際費等のうち、税法上、損金算入限度額を超過する額がある場合は、その額を別表四で加算する。
4) 損益計算書で費用として計上された役員給与のうち、税法上、損金の額に算入されない額がある場合は、その額を別表四で加算する。

・解説と解答・

1) 適切である。減価償却費のうち、法人税法の償却限度額を超過する額は、損金の額に算入されないので、別表四で加算する。
2) 不適切である。貸倒引当金の繰入限度超過額は、損金の額に算入されないので、別表四で加算する。
3) 適切である。交際費等の損金算入限度超過額は、損金の額に算入されないので、別表四で加算する。
4) 適切である。役員給与は、一定の要件を満たさなければ損金の額に算入されないので、損金の額に算入されない役員給与がある場合は、それを別表四で加算することになる。

正解　2)

5－4　交際費等

《問》税法上の交際費等に関する次の記述のうち、最も不適切なものはどれか。
1）税法上の交際費等とは、法人がその得意先その他事業に関係のある者等に対する接待等のために支出する費用をいい、法人が経理処理をした費目の如何にかかわらず、その内容により交際費等に該当するかどうかの判定がなされる。
2）専ら従業員の慰安のために行われる旅行等のために通常要する費用は、税法上の交際費等には当たらない。
3）得意先等との飲食等のために要する費用であって、1人当り5,000円以下である費用は、税法上の交際費等には当たらない。
4）期末資本金が1億円以下の法人（所定の完全支配関係にある法人を除く）の交際費等については、定額控除限度額（年800万円）までの損金算入と接待飲食費の50％損金算入のどちらか有利な方を選択することが認められている。

解説と解答

1）適切である。
2）適切である。
3）不適切である。得意先等との飲食等のために要する費用であって、1人当り10,000円以下である費用は、税法上の交際費等には当たらない。
4）適切である。資本金1億円以下の法人に係る交際費課税については、2027年3月31日までに開始する各事業年度においては定額控除限度額（年800万円）までの損金算入と飲食費の50％損金算入のどちらか有利な方を選択できる。

正解　3）

5－5　減価償却

> 《問》内国法人に係る法人税法上の減価償却に関する次の記述のうち、最も不適切なものはどれか。
> 1）法人の当該事業年度の所得の金額の計算上、損金の額に算入されるのは、法人が当該事業年度における償却費として損金経理をした金額のうち、償却限度額に達するまでの金額である。
> 2）有形減価償却資産には、建物、建物付属設備、車両運搬具等のほか、土地も含まれる。
> 3）2016年4月1日以後に取得した建物附属設備および構築物についての償却方法は、定額法である。
> 4）減価償却資産の償却方法について、「減価償却資産の償却方法の届出書」を提出していない場合は、当該減価償却資産の償却方法は法定償却方法が適用される。

・解説と解答・

1）適切である。

2）不適切である。土地は、固定資産であるが、減価償却資産ではない。

3）適切である。

4）適切である。例えば、建物・建物附属設備・構築物以外の有形減価償却資産（鉱業用減価償却資産およびリース資産を除く）の償却方法については、定額法と定率法から選定できるが、「減価償却資産の償却方法の届出書」を提出していない場合の償却方法は、法定償却方法である定率法となる。

正解　2）

一般的な減価償却資産		非減価償却資産（減価償却できない）	
有形減価償却資産	建物、建物附属設備・構築物、車両及び運搬具・工具、器具及び備品、機械及び装置など	時の経過や使用によって価値が減少しないもの	土地、借地権、電話加入権、白金製品など
無形減価償却資産	特許権、実用新案権、商標権、営業権、ソフトウェア、鉱業権など	事業の用に供していないもの	稼働休止中のもの、建設中のもの
生物	牛、馬、果樹など		

　少額の減価償却資産等の損金算入の取扱いは、次のように整理することができる。

少額減価償却資産等の取得価額	損金算入の取扱い
使用可能期間が1年未満または取得価額が10万円未満であるもの	資産計上後、通常の減価償却
	事業供用時に全額損金算入
	一括償却資産の損金算入
・10万円以上20万円未満	資産計上後、通常の減価償却
	一括償却資産の損金算入
・20万円以上	資産計上後、通常の減価償却
中小企業者等の少額減価償却資産の損金算入 ・30万円未満（注）	事業供用時に限度額内で一時損金算入

（注）中小企業者または農業協同組合等で青色申告書を提出するもののうち常時使用する従業員の数が500人以下の法人（適用除外事業者およびe-Taxにより確定申告書を提出しなければならない法人で、常時使用する従業員の数が300人超のものを除く）に限られる。また、その損金算入限度額は30万円未満の減価償却資産の取得価額の合計額が300万円に達するまでの金額を限度とする。
　なお、少額減価償却資産から貸付け（主要な事業として行われるものは除く）の用に供したものは除かれる。

5-6 貸倒損失

《問》貸倒損失処理に関する次の記述のうち、法人税法上、認められるものはどれか。
1) 金銭債権につき、債務者の資産の状況・支払能力等からみて、その債権の一部の回収不能の金額が明らかになったので、その回収不能金額を貸倒損失とした。
2) 取引先に対して1年前に発生した売掛金を有しているが、6カ月前に一部の弁済を受けただけで、その後弁済がなく、今後も取引は発生しないことが確実なので、備忘価額1円を残し貸倒損失を計上した（担保物はない）。
3) 保証債務を来期に履行することが当期に決定したので、当期にその保証額について貸倒損失を計上した。
4) 債務者の債務超過の状態が相当期間継続し、弁済を受けることができないと認められるので、書面により債務免除を行い、その金額を貸倒損失として処理した。

・解説と解答・

1) 認められない。貸倒損失を計上するためには、債権の全額が回収不能であることが明らかであることが必要であり、また担保物がある場合には、その担保物を処分した後でなければ貸倒損失は認められない。
2) 認められない。債権の発生が1年前であろうと、最後の弁済時以後1年以上経過していなければ貸倒損失は計上できない。
3) 認められない。保証債務は現実に履行した後でなければ貸倒損失を計上できない。
4) 認められる。このケースは「法律上の貸倒れ」であるため、会社が損金経理を失念しても、法人税の申告書上での減算が認められる。

<u>正解　4)</u>

5－7　貸倒引当金

《問》一括評価金銭債権に係る貸倒引当金に関する次の記述のうち、最も
不適切なものはどれか。

1） 貸倒引当金の対象となる一括評価金銭債権は、「法人の有する売掛
金、貸付金その他これらに準ずる金銭債権」であるが、未収手数
料、未収保管料は、「これらに準ずる債権」に含まれる。

2） 割引手形を一括評価金銭債権として繰入対象とするためには、残高
が両建あるいは脚注または個別注記表により財務諸表等に明示され
ていることが条件である。

3） 繰入限度額を法定繰入率により計算する場合、使用人に対して貸付
金と預り金がある場合には、預り金は「実質的に債権とみられない
もの」にはならないので債権額から控除しない。

4） 繰入限度額を貸倒実績率により計算する場合、「実質的に債権とみ
られないものの額」は債権額から控除しない。

・解説と解答・

　貸倒引当金の適用対象法人は、次の①、②、③、④などである。

① 　期末資本金の額または出資金の額が１億円以下の法人（期末資本金の額
または出資金の額が５億円以上である法人等による完全支配関係がある子
法人等を除く）

② 　公益法人等、協同組合等、人格のない社団等

③ 　銀行、保険会社等

④ 　ファイナンス・リース取引によるリース債権等に有する法人

　貸倒引当金には、「個別評価する債権の貸倒引当金」と「一括評価する債権
の貸倒引当金」の２種類がある。

　「個別評価する債権の貸倒引当金」は、例えば長期に返済が棚上げされる等、
一定の回収不能見込みとなる事情が生じた債権について、その回収不能見込額
を計算して繰入れするものである。

　また、「一括評価する債権の貸倒引当金」は、貸倒実績率（実績繰入率）に
基づく金額と法定繰入率に基づく金額のいずれか多い額を繰入限度額とするこ
とができる。貸倒実績率による場合は、期末の債権額にその率（注１）を乗じ
るが、法定繰入率による場合は、「期末の金銭債権額－実質的に債権と見られ

ないものの額」にその率（注2）を乗じる。

　なお、法定繰入率を選択できる法人は、①のうち一定の法人、公益法人等または協同組合等、人格のない社団等と範囲が少し狭くなっている。

（注1）　貸倒実績率の計算は次の算式による。

$$
貸倒実績率 = \frac{\left(\begin{array}{l}当該事業年度開始の日前3年以内 \\ に開始した各事業年度における債 \\ 権の貸倒損失の額の合計額＋個別 \\ 評価引当金の損金算入額－個別評 \\ 価引当金の益金算入額\end{array}\right) \times 12 \div \left(\begin{array}{l}左の各事業 \\ 年度の月数 \\ の合計数\end{array}\right)}{\left(\begin{array}{l}当該事業年度開始の日前3年以内 \\ に開始した各事業年度終了の時に \\ おける一括評価金銭債権の帳簿価 \\ 額の合計額\end{array}\right) \div \left(\begin{array}{l}左の各事業年度 \\ の数\end{array}\right)}
$$

（注2）　中小法人等は次の法定繰入率と貸倒実績率との選択。

業　　　　　種	法定繰入率
①　卸売業、小売業（飲食店業、料理店業を含む）	$\frac{10}{1,000}$
②　製造業（電気業、ガス業、熱供給業、水道業、修理業を含む）	$\frac{8}{1,000}$
③　割賦販売小売業、包括信用購入あっせん業、個別信用購入あっせん業	$\frac{7}{1,000}$
④　金融および保険業	$\frac{3}{1,000}$
⑤　上記①〜④以外の事業	$\frac{6}{1,000}$

　一括して評価する債権に係る1）、2）の記述は適切であり、また、既述のとおり、4）も適切である。

　法定繰入率を用いて繰入額を計算する場合、同一人の使用人に対して債権と預り金がある場合には、預り金は「受け入れた金額」として「実質的に債権とみられないもの」に該当するため、債権から控除する。したがって、3）が不適切である。

正解　3）

5－8　圧縮記帳

《問》特定資産の買換えにより取得した資産についての圧縮記帳に関する
次の記述のうち、最も不適切なものはどれか。

1) 買換資産は、原則として譲渡資産の譲渡事業年度内に取得したもの
   に限られるが、譲渡事業年度開始の日の前1年以内に取得したもの
   は「先行取得資産」として認められ、また、譲渡事業年度の翌事業
   年度開始の日から1年以内に取得する予定のものも買換資産とする
   ことができる。
2) 買換資産は、取得した日から1年以内に事業の用に供するか、また
   は供する見込みであることが要件の1つとなっている。
3) 買換資産が土地である場合には、譲渡資産である土地の面積に対し
   て原則として5倍以内の面積に対応する部分だけしか買換資産とす
   ることができない。
4) 圧縮記帳を適用して買換えにより取得した資産を将来、買換え時の
   実際の取得価額と同額で譲渡した場合は、譲渡利益は生じない。

・解説と解答・

【圧縮記帳とは】

　圧縮記帳は、補助金や交換等で取得した資産の取得価額をその受贈益や譲渡
益等に相当する額だけ減額し、その減額した部分を損金の額に算入することに
より、一時的に課税利益を生じさせない、すなわち課税の繰延べを図る制度で
ある。圧縮記帳を適用して取得した資産について、減価償却を行うときまたは
その取得資産を譲渡した際の譲渡原価を計算するときには、圧縮記帳により減
額した後の帳簿価額を基礎として計算することとされている。

　圧縮記帳を行う場合には、圧縮限度額内で確定決算において所定の経理処理
をしなければならず、また、確定申告書に圧縮額等の損金算入に関する明細を
添付することが必要となる。

　1)、2)、3) は適切である。圧縮記帳の適用を受けた場合の買換資産の取
得価額は、基本的に圧縮限度額の範囲内で減額される。したがって、将来買換
資産を譲渡する際に、圧縮されていた利益が生じる。

正解　4)

5－9　法人税の申告

《問》甲社の事業年度は、4月1日から翌年の3月31日までの1年間である。甲社の法人税の申告書の提出に関する次の記述のうち、最も不適切なものはどれか。

1）甲社の確定申告書の提出期限は、原則として事業年度終了の日の翌日から2カ月以内である。
2）甲社の中間申告書の提出期限は、事業年度開始の日以後6カ月を経過した日から2カ月以内である。
3）既に提出した確定申告書に記載した税額が過少であったり、欠損金額が過大であったり、あるいは還付金額が過大であったときは、原則として法定申告期限から5年以内に限り、税務署長に対し修正申告書を提出することができる。
4）既に提出した確定申告書に記載した税額が過大であったり、あるいは還付金額が過少であったときは、原則として法定申告期限から5年以内に限り、税務署長に対し更正の請求をすることができる。

・解説と解答・

1）適切である。ただし、確定申告書が確定決算に基づいて作成されることを建前としている関係から、災害その他やむを得ない理由等により、法人の決算が事業年度終了の日の翌日から2月以内に確定しないと認められる場合、法人は一定の区分に応じて申告期限の延長申請ができる。
2）適切である。中間申告には、前年度実績を基準とする中間申告（予定申告という）と仮決算に基づく中間申告の2種類があり、いずれかを選択することができる。ただし、仮決算に基づく中間申告は、「前年度実績に基づき計算した額（前年度基準額）が10万円以下または納付すべき税額がない場合（災害損失金額がある場合を除く）」や「仮決算をした場合の中間申告書に記載すべき法人税の額が前年度基準額を超える場合」には提出できない。
3）不適切である。修正申告は、税務署長の更正があるまではいつでも提出することができる。
4）適切である。

正解　3）

5－10　法人税申告書の見方

《問》法人税申告書の各種別表に関する次の記述のうち、最も不適切なものはどれか。
1）「別表一（一）」は、法人税申告書の総括表であり、当該法人の事業種目、期末現在の資本金の額または出資金の額、当期利益または当期欠損の額、法人税額、地方法人税額などを記載する。
2）「別表二」は、同族会社等の判定に関する明細書であり、期末現在の発行済株式の総数または出資の総額や、同族会社の判定基準となる株主（社員）および同族関係者の住所、氏名、株式数または出資の金額、議決権の数などを記載する。
3）「別表四」は、所得の金額の計算に関する明細書であり、税法規定による加算項目・減算項目、欠損金または災害損失金等の当期控除額、所得金額または欠損金額などを記載する。
4）「別表十六（一）（二）」は、減価償却資産の償却額の計算に関する明細書であり、減価償却資産の取得価額、当期分の償却限度額、当期償却額あるいはそれらの種類等ごとの合計額などを記載する。

・解説と解答・

1）不適切である。「当期利益または当期欠損の額」は記載されておらず、別表四で計算された「所得金額または欠損金額」が記載されている。なお、別表一には「税理士署名押印」欄もあり、税務代理をした税理士を確認することもできる。
2）適切である。なお、すべての株主が記載されているわけではなく、親族外の株主等については株主名簿等で確認する必要がある。
3）適切である。
4）適切である。

正解　1）

5－11　消費税(1)

> 《問》 次の記述のうち、消費税の課税対象となる「対価を得て行われる資産の譲渡等」に該当するものはどれか。
> 1）事業者が他の者の債務の保証を履行するために行う資産の譲渡や強制換価手続により換価された場合の資産の譲渡
> 2）同業者団体が、会員から徴収する年会費により作成し、通常の業務運営の一環として発行する会報で、その会員に対する当該会報の配布
> 3）保険契約者が保険事故の発生に伴って生命保険契約に基づき受け取る保険金
> 4）建物の賃借人が賃貸借の目的とされている建物の契約の解除に伴って賃貸人から収受する立退料

・解説と解答・

1）該当する。事業として対価を得て行われる資産の譲渡は、その原因を問わないのであるから、例えば、他の者の債務の保証を履行するために行う資産の譲渡または強制換価手続により換価された場合の資産の譲渡は、事業として対価を得て行われる資産の譲渡に該当する。

2）該当しない。会報等が同業者団体、組合等の通常の業務運営の一環として発行され、その構成員に配布される場合には、当該会報等の発行費用がその構成員からの会費、組合費等によって賄われているときであっても、その構成員に対する当該会報等の配布は、資産の譲渡等に該当しない。

3）該当しない。保険金または共済金は、保険事故の発生に伴い受けるものであるから、資産の譲渡等の対価に該当しない。

4）該当しない。建物等の賃借人が賃貸借の目的とされている建物等の契約の解除に伴い賃貸人から収受する立退料（不動産業者等の仲介を行う者を経由して収受する場合を含む）は、賃貸借の権利が消滅することに対する補償、営業上の損失または移転等に要する実費補償などに伴い授受されるものであり、資産の譲渡等の対価に該当しない。

正解　1）

5－12　消費税⑵

《問》消費税に関する次の記述のうち、最も適切なものはどれか。
1) 簡易課税制度の適用を受けようとする者は、原則として、その適用を受けようとする課税期間の開始の日の前日までに、「消費税簡易課税制度選択届出書」を納税地の所轄税務署長に提出しなければならない。
2) 「消費税簡易課税制度選択届出書」を提出している事業者であっても、基準期間の課税売上高が1,000万円を超える課税期間については、簡易課税制度の適用を受けることができない。
3) 「消費税課税事業者選択届出書」を提出して消費税の課税事業者となった法人は、事業を廃止した場合等を除き、原則として 3 年間は消費税の免税事業者となることができない。
4) 消費税の課税事業者である個人は、原則として、消費税の確定申告書をその年の翌年 3 月15日までに納税地の所轄税務署長に提出しなければならない。

・解説と解答・

1) 適切である。「消費税簡易課税制度選択届出書」は、その適用を受けようとする課税期間の開始の日の前日（前事業年度の末日）までに納税地の所轄税務署長に提出しなければならない。
2) 不適切である。「消費税簡易課税制度選択届出書」を提出している場合であっても、基準期間の課税売上高が5,000万円を超える課税期間については、簡易課税制度の適用を受けることができない。
3) 不適切である。免税事業者は「消費税課税事業者選択届出書」を提出することにより課税事業者となることができる。この場合、原則として、2 年間は免税事業者に戻ることができない。
4) 不適切である。消費税の課税事業者である個人事業者の消費税の申告期限と納付期限は、その年の翌年の 3 月31日である。

正解　1)

5−13　インボイス制度・電子帳簿保存法

《問》「インボイス制度」（適格請求書等保存方式）や「電子計算機を使用
して作成する国税関係帳簿書類の保存方法等の特例に関する法律」
（電子帳簿保存法）に関する次の記述のうち、最も不適切なものは
どれか。
1）インボイス（適格請求書）には、税率ごとの消費税額と登録番号を
記載することが義務付けられている。
2）簡易課税制度を選択している場合、インボイス（適格請求書）など
請求書等の保存は、仕入税額控除の要件とはならない。
3）免税事業者が適格請求書発行事業者になるためには、課税事業者に
なることが必要である。
4）会計帳簿や決算関係書類等の国税関係帳簿の電子保存や紙の領収書
等に代えてスキャンデータを保存することができるスキャナ保存制
度を始める場合には、所轄税務署長の事前承認が必要となる。

・解説と解答・

1）適切である。インボイス（適格請求書）の記載事項は、次のとおりであ
る。
①適格請求書発行事業者の氏名または名称および登録番号、②取引年月
日、③取引内容（軽減税率の対象品目である旨）、④税率ごとに区分して
合計した対価の額（税抜きまたは税込み）および適用税率、⑤税率ごとに
区分した消費税額等、⑥書類の交付を受ける事業者の氏名または名称
2）適切である。簡易課税制度を選択している場合、課税売上高から納付する
消費税額を計算することから、インボイス（適格請求書）など請求書等の
保存は、仕入税額控除の要件とはならない。
3）適切である。適格請求書発行事業者となるためには、登録を受ける必要が
あるが、課税事業者でなければ登録を受けることができない。
4）不適切である。2021年度税制改正において電子帳簿保存法の改正が行わ
れ、2022年1月1日以後に備付けを開始する国税関係帳簿および保存を行
う国税関係書類について、事前承認制度は廃止となった。

正解　4）

第 6 章

総合問題

6－1　不動産賃貸業者の確定申告

《設例》不動産賃貸業を営むＡさんの2024年中の収入金額等の状況は、次のとおりであった。

〈Ａさんの2024年中の収入金額等の状況〉

(ア)　既存アパート（賃貸数8室）

　①　収入金額　　　　　　　　　　　：800万円

　②　必要経費（減価償却費を含む）：500万円

(イ)　2024年9月に、さらに1棟の新築アパート（賃貸数6室）を購入し、直ちに賃貸の用に供した。このアパートの収支等の状況は、次のとおりである。

　①　家屋の取得費　　　　　：3,000万円

　　　アパート敷地の取得費：4,000万円

　　　※家屋の取得費は、建物と建物付属設備に区分せず建物として減価償却すること（減価償却方法の届出はしていない）。

　　　耐用年数…22年

　　　償却率：定率法…0.091、定額法…0.046

　②　アパート取得の借入金：7,000万円

　　　2024年中の支払利息：180万円

　③　2024年中の収入金額：320万円

　④　2024年中のその他必要経費（減価償却費と借入金利息を除く）：194万円

(ウ)　Ａさんは、2023年分までの所得税について白色申告をしている。

※上記以外の条件は考慮せず、各問に従うこと。

《問1》　Ａさんの不動産賃貸業に係る所得税に関する次の記述のうち、最も適切なものはどれか。

1）2024年分の所得税から青色申告をするためには、2023年末までに「青色申告承認申請書」を所轄税務署長に提出し承認を受けなければならない。

2）2024年中に取得したアパート（建物）の減価償却方法は、所轄税務署長に届出をすれば定率法を選定することができる。

3）借入金の利息のうち、アパート（建物）の敷地である土地取得のための部分は、いっさい必要経費に算入できない。

4）年の途中で取得した建物のその年分の減価償却費は、業務の用に供した月数に応じた分となるが、その月数の計算において1カ月に満たない端数が生じたときは、その端数を切り上げて1カ月とする。

《問2》確定申告によって、Aさんの2024年分の納付すべき所得税額を求めなさい。なお、Aさんには、設例以外に同年中に得た所得はなく、所得控除の額の合計額は100万円とし、予定納税額はないものとする。また、申告は白色申告とする。（復興特別所得税については考慮しないこと）

● 解説と解答 ●

《問1》

1）不適切である。2024年分の所得税につき青色申告をするためには、2024年3月15日まで（その年1月16日以後に業務を開始した場合は、業務を開始した日から2カ月以内）に青色申告承認申請書を提出しなければならない。

2）不適切である。1998年4月以後に取得した建物の減価償却方法は、定額法しか認められない。

3）不適切である。原則として、土地取得のための借入金の利息も必要経費に算入できる。なお、不動産所得が赤字の場合は、赤字の金額のうち土地取得のための借入金の利息相当額は損益通算の対象とならない。

4）適切である。年の途中で取得した資産の減価償却費の計算は、業務の用に供した月数による按分計算となるが、この月数は暦に従って計算し、1カ月未満の端数を生じた場合は1カ月として計算する。したがって、通常、業務の用に供した月は含まれる。

正解　4）

《問2》

〔計算過程〕

① 総収入金額：800万円＋320万円＝<u>1,120万円</u>

　必要経費の計算

　㈡　既存アパートの必要経費：500万円

　㈢　新規アパートの必要経費：420万円

　　　減価償却費…3,000万円×0.046× 4 カ月÷12カ月＝46万円

　　　借入金の利息………180万円

　　　その他の必要経費…194万円

　　　㈡＋㈢＝500万円＋420万円＝<u>920万円</u>

　　　不動産所得の金額：1,120万円－920万円＝<u>200万円</u>

②　課税総所得金額：200万円－100万円＝100万円

③　納付すべき所得税額：100万円× 5 ％＝ 5 万円

答　<u>5万円</u>

6－2　事業所得者の確定申告(1)

《設例》事業所得を生ずる事業を営む58歳のＡさん（青色申告者）の2024年中の収入等の状況は、次のとおりである。なお、Ａさんは電子申告を行ったものとする。

〈資料〉

(1) 収入金額：1,200万円

(2) 必要経費等：800万円

　　［必要経費等の内訳］

　　①生計を一にする父親に支払った事務所家賃：120万円

　　②生計を一にする母親に支払った借入金利子：20万円

　　③妻に支払った青色事業専従者給与：240万円

　　　（届出の範囲内で適正な金額である）

　　④減価償却費：100万円

　　　（所得税法上の法定償却額は60万円である）

　　⑤その他：320万円

　　　（全額が事業所得の金額の計算上、必要経費に算入される）

（上記〈資料〉以外の参考事項）

　・事務所の固定資産税20万円を父親が支払った。

　・当該事業に使用していたトラックを100万円で売却した。

　　（このトラックの所有期間は8年で、売却直前の未償却残高は40万円であった。この売却価額、未償却残高は上記〈資料〉の収入金額、必要経費等には含まれていない。なお、トラックの減価償却費の額は適正に計算されて、上記〈資料〉の減価償却費に含む）

　・Ａさんに適用される青色申告特別控除額は65万円であるが、上記〈資料〉の必要経費等には算入されていない。

　・Ａさんの所得控除の額は、300万円である。

※上記以外の条件は考慮せず、問に従うこと。

《問》　確定申告により、Ａさんの2024年分の納付すべき所得税額を求めなさい。（復興特別所得税は、考慮しないこととする）

・解説と解答・

〔計算過程〕

事業所得

青色申告控除前　1,200万円 −（320万円 + 240万円 + 60万円 + 20万円）
＝560万円

青色申告控除後　560万円 − 65万円 = 495万円

長期譲渡所得の金額

100万円 − 40万円 − 50万円 = 10万円

総所得金額

$495万円 + 10万円 × \dfrac{1}{2} = 500万円$

課税総所得金額

500万円 − 300万円 = 200万円

所得税額：

200万円 × 10％ − 9万7,500円 = 10万2,500円

答　10万2,500円

6 - 3　事業所得者の確定申告(2)

《設例》 Aさん（39歳）は、文房具の小売店を経営する個人事業主である。2024年分の事業収支の状況等は、次のとおりである。なお、消費税は考慮する必要はない。

〈資料〉

事業収支の状況（単位：万円）

売　上　高	3,300
期首商品棚卸高	100
当期商品仕入高	2,000
期末商品棚卸高	80
給　与　手　当	600
交　通　費	50
広　告　宣　伝　費	40
消　耗　品　費	50
交　際　費	20
租　税　公　課	30
減　価　償　却　費	80
支　払　利　息	10

① 　Aさんは、白色申告者である。
② 　給与手当の中には、Aさんの親族に支払ったものはなく、Aさんの親族で事業に専従する者はいない。
③ 　交際費の中には、家族だけの食事代10万円（業務上必要とは認められない）が含まれている。
④ 　租税公課の中には、自宅部分の固定資産税10万円（自宅は事業の用に供していない）が含まれている。
⑤ 　上記②〜④以外に、経費性に疑問のある支出はない。

（左記〈資料〉以外の参考事項）
① 　事業用資金専用の普通預金（国内銀行）の利息は、2万円（源泉税差引前の金額）である。
② 　事業用の車両を売却し、その売却益が60万円ある（車両の所有期間4年）。
③ 　Aさんの所得控除の額の合計額は、200万円である。

※上記以外の条件は考慮せず、各問に従うこと。

《問1》Aさんの2024年分の事業所得および譲渡所得等に関する次の記述のうち、最も不適切なものはどれか。

1）事業所得の金額の計算上、売上原価の金額は、期首商品棚卸高100万円に当期商品仕入高2,000万円を加えた金額である。

2）事業用資金専用の普通預金の利息2万円は、利子所得として源泉分離課税の対象となるため、他の所得と合算して確定申告することはできない。

3）譲渡所得の金額は、事業の用に供している車両の売却益60万円から特別控除額（50万円）を控除して求められる10万円であり、その額が総所得金額に算入される。

4）確定申告書が白色申告書の場合、損益通算によって引き切れない損失の金額があっても、原則として、その純損失の金額を翌年以降に繰り越すことはできない。

《問2》Aさんの2024年分の事業所得の金額は、次のうちどれか。

1）410万円

2）420万円

3）440万円

4）460万円

《問3》《問2》で計算して求めた事業所得の金額に基づいて、確定申告により、Aさんの2024年分の納付すべき所得税額を求めなさい。なお、予定納税はしていないものとし、復興特別所得税の計算は不要とする。

・解説と解答・

《問1》

1）不適切である。事業所得の金額の計算上、売上原価の金額は期首商品棚卸高100万円に当期商品仕入高2,000万円を加え、その金額から期末商品棚卸高80万円を差し引いた2,020万円である。

2）適切である。

3）適切である。

4）適切である。

正解　1）

《問 2》

売上高	：	3,300万円	
期首商品棚卸高	：	100万円	
当期商品仕入高	：	2,000万円	
期末商品棚卸高	：	80万円	
売上原価	：	2,020万円	（＝100万円＋2,000万円－80万円）
売上総利益	：	1,280万円	（＝3,300万円－2,020万円）
給与手当	：	600万円	
交通費	：	50万円	
広告宣伝費	：	40万円	
消耗品費	：	50万円	
交際費	：	10万円	（＝20万円－10万円）
租税公課	：	20万円	（＝30万円－10万円）
減価償却費	：	80万円	
支払利息	：	10万円	
必要経費合計	：	860万円	
事業所得の金額	：	420万円	（＝1,280万円－860万円）

正解　2）

《問 3》

利子所得：源泉分離課税のため、確定申告はできない。

譲渡所得（短期譲渡）の金額：60万円－50万円（特別控除額）＝10万円

事業所得の金額：420万円（《問 2》参照）

所得控除の額の合計額：200万円

総所得金額：420万円＋10万円＝430万円

課税総所得金額：430万円－200万円＝230万円

所得税額：230万円×10％－ 9 万7,500円＝13万2,500円

答　13万2,500円

6－4　給与所得者の確定申告

《設例》会社員Ａさんが勤務先から受け取った2024年分の「給与所得の源泉徴収票」の内容（一部抜粋）は、以下のとおりである。

　　Ａさん（50歳）は、妻Ｂ（49歳）、長女Ｃ（19歳）、長男Ｄ（14歳）の４人家族であり（年齢は、いずれも12月31日現在）、下記の給与収入以外には収入がなく、また、妻Ｂ、長女Ｃおよび長男Ｄは無収入である。

　　Ａさんは、2024年中に医療費控除の対象となる医療費を110万円支払っている（保険金等により補填された金額はない）ため、確定申告をするつもりである。

〈給与所得の源泉徴収票の内容（一部抜粋）〉

・給与収入	:	1,000万円
・給与所得控除後の金額	:	790万円
・所得控除の合計額	:	290万円
うち、社会保険料控除額		126万円
生命保険料控除額		10万円
地震保険料控除額		5万円
・源泉徴収税額	:	584,500円（復興特別所得税を含む）
・控除対象配偶者		:あり
・扶養親族		:長女、長男
・障害者		:該当者なし

・給与所得控除後の金額は、所得金額調整控除が適用された金額である。

・勤務先では適正に年末調整が行われており、源泉徴収票には、上記以外に所得税の計算に影響する記載はない。

・復興特別所得税額は、基準所得税額に2.1％を乗じた額とする（1円未満切捨て）。

※上記以外の条件は考慮せず、各問に従うこと。

《問1》 Aさんの2024年分の所得税の所得控除に関する次の記述のうち、最も不適切なものはどれか。
1） Aさんの合計所得金額が900万円以下で、かつ妻Bの収入がないので、配偶者控除額は38万円である。
2） 妻Bは無収入であるので、配偶者特別控除額は38万円である。
3） 長女Cは19歳であるので、特定扶養親族に該当し、その扶養控除額は63万円である。
4） 長男Dは14歳であるので、控除対象扶養親族には該当せず、扶養控除の対象とならない。

《問2》 Aさんの2024年分の所得税の確定申告において、①設例の110万円の医療費に係る医療費控除の額、②還付される所得税および復興特別所得税の合計額を、それぞれ求めなさい。

● 解説と解答 ●

《問1》
1） 適切である。
2） 不適切である。配偶者特別控除は、合計所得金額が1,000万円以下の納税者が、生計を一にする配偶者の合計所得金額が48万円超133万円以下である場合（配偶者が、他の納税者の扶養親族である場合、青色事業専従者として給与の支払を受けている場合、白色事業専従者である場合を除く）に認められる控除である。控除対象配偶者がいる場合、配偶者控除の適用は受けられるが、配偶者特別控除の適用は受けられない。
3） 適切である。なお、特定扶養親族とは、控除対象扶養親族のうち、その年の12月31日現在の年齢が19歳以上23歳未満の人をいい、その扶養控除額は63万円である。
4） 適切である。なお、控除対象扶養親族とは、扶養親族のうち、その年の12月31日現在の年齢が16歳以上の人をいい、その扶養控除額は38万円である。

正解 2）

《問2》
①〔計算過程〕
・医療費控除の額：790万円×5％＝39.5万円＞10万円　∴10万円

$$110万円 - 10万円 = 100万円$$

① 答　1,000,000円

②〔計算過程〕

・源泉徴収票記載の所得控除の額：290万円

　医療費控除の額：100万円

　所得控除の合計額：290万円＋100万円＝390万円

・課税所得金額：790万円－390万円＝400万円

・所得税額：$4,000,000円 \times 20\% - 427,500円 = 372,500円$

　復興特別所得税額：$372,500円 \times 2.1\% = 7,822.5円 \rightarrow 7,822円$

　所得税および復興特別所得税の合計額：$372,500円 + 7,822円 = 380,322円$

・還付税額：$380,322円 - 584,500円 = \triangle 204,178円$

② 答　204,178円

（参考）

　給与所得控除額

　　1,000万円＞850万円　したがって、最高額の195万円となる。

　　所得金額調整控除（23歳未満の扶養親族あり）

　　（1,000万円－850万円）×10％＝15万円

　給与所得

　　1,000万円－195万円－15万円＝790万円

・所得控除の合計額

　配偶者控除　　　　　　38万円

　扶養控除（長女）　　　63万円（特定扶養親族）

　（長男は14歳であるので、控除対象扶養親族に該当しない）

　基礎控除　　　　　　　48万円

　社会保険料控除　　　 126万円

　生命保険料控除　　　　10万円

　地震保険料控除　　　　5万円　　　計　290万円（源泉徴収票記載分）

・課税総所得金額：790万円－290万円＝500万円

・所得税額：$5,000,000円 \times 20\% - 427,500円 = 572,500円$

　年調年税額：$572,500円 \times 102.1\% = 584,522.5円 \fallingdotseq 584,522円$（1円未満切捨て）

　→584,500円（100円未満切捨て）

6－5　退職金と年金の所得税

《設例》Ａさん（63歳、役員ではない）は、2024年 3 月に、30年間勤務した会社を退職し、退職金2,000万円を受け取った（ここから源泉所得税15万2,500円および住民税25万円が差し引かれている）。同年中に、Ａさんにはこのほか、 3 月までの給与収入300万円（ここから源泉所得税36万円が差し引かれている）、および 4 月以降の厚生年金保険からの年金収入270万円（ここから源泉所得税 8 万2,000円が差し引かれている）があった。Ａさんの所得控除の合計額は、267万円である。

※上記以外の条件は考慮せず、問題に従うこと。
（上記設例において復興特別所得税は考慮しておらず、下記問題においても復興特別所得税は考慮しないこと）

《問》　確定申告により、Ａさんの2024年分の納付すべき（または還付される）所得税額を求めなさい。退職金について確定申告するか否かは、Ａさんにとって有利なほうを選択すること。なお、還付の場合は、金額の前に△を付すこと。

・解説と解答・

(1)　給与所得の金額
　　給与等の収入金額：300万円
　　給与所得控除額：300万円×30％＋ 8 万円＝98万円
　　給与所得の金額：300万円－98万円＝202万円
(2)　雑所得の金額
　　公的年金等の収入金額：270万円
　　公的年金等控除額：270万円×25％＋27万5,000円＝95万円
　　公的年金等に係る雑所得の金額：270万円－95万円＝175万円
(3)　所得金額調整控除
　　①　給与所得控除後の給与等の金額：202万円＞10万円　∴10万円
　　②　公的年金等に係る雑所得の金額：175万円＞10万円　∴10万円
　　③　所得金額調整控除：①＋②－10万円＝10万円

(4) 総所得金額

(202万円 − 10万円) + 175万円 = 367万円

(5) 課税総所得金額

所得控除の合計額：267万円

課税総所得金額：367万円 − 267万円 = 100万円

(6) 所得税額

課税総所得金額に対する所得税額：100万円 × 5 ％ = 5 万円

源泉徴収所得税額：36万円 + 8 万2,000円 = 44万2,000円

還付税額： 5 万円 − 44万2,000円 = △39万2,000円

答 <u>△39万2,000円</u>

（参考）

所得控除の金額を総所得金額からすべて控除できたので、退職所得の金額については、確定申告しなくても同じ結果となる。

・退職手当等の収入金額：2,000万円

・退職所得控除額：勤続年数は30年

800万円 + 70万円 × (30年 − 20年) = 1,500万円

・退職所得の金額：(2,000万円 − 1,500万円) ÷ 2 = 250万円

・課税退職所得金額：

250万円 − (267万円 − 267万円) = 250万円

・課税退職所得金額に対する所得税額：

250万円 × 10％ − 9 万7,500円 = 15万2,500円

・源泉徴収所得税額：15万2,500円

・納税額：15万2,500円 − 15万2,500円 = 0 円

6-6 各種所得がある者の確定申告(1)

《設例》会社員Aさん（51歳）の2024年分の給与所得の源泉徴収票および同年中における収入等は、次のとおりである。

2024年分 給与所得の源泉徴収票

支払を受ける者 住所又は居所	東京都港区×××	（受給者番号） （役職名） 氏名 （フリガナ） A

種別	支払金額	給与所得控除後の金額	所得控除の額の合計額	源泉徴収税額
給料・賞与	内 10 000 000	7 900 000	3 100 000	532 500

控除対象配偶者の有無等		配偶者特別控除の額	控除対象扶養親族の数（配偶者を除く。）			16歳未満扶養親族の数	障害者の数（本人を除く。）		非居住者である親族の数
有 従有	老人		特定	老人	その他		特別	その他	
○	千 円	千 円	1 人 従人	内 人 従人	1 人 従人	1	内 人	その他 人	人

社会保険料等の金額	生命保険料の控除額	地震保険料の控除額	住宅借入金等特別控除の額
内 1080 000 円	100 000 円	50 000 円	千 円

（摘要）
妻B　長男C　次男D

支払者 住所（居所）又は所在地	東京都 千代田区 ×××	
氏名又は名称	○○株式会社	（電話）

(1) 給与収入　1,000万円（源泉徴収票より）

(2) 不動産所得（白色申告）
　　　総収入金額　200万円
　　　必要経費　　350万円
　　　（必要経費の中に土地取得のための借入金利息50万円を含む）

(3) 一時払養老保険の満期保険金
　　　満期保険金　300万円
　　　正味払込済保険料　210万円
　　　（保険期間10年。契約者および保険料負担者はAさんである）

(4) 未上場株式R株式の売却損　△20万円

※上記以外の条件は考慮せず、各問に従うこと。
　　（上記設例において復興特別所得税は考慮しておらず、下記各問においても復興特別所得税は考慮しないこと）

《問1》 Aさんの所得税の計算等に関する次の記述のうち、最も不適切な
　　　ものはどれか。

1）Aさんが所得税の確定申告をする場合、Aさんの住所地の所轄税務
　　署長に確定申告書を提出する。

2）不動産所得の金額の計算上生じた赤字の金額のうち、土地取得のた
　　めの借入金利息50万円に相当する部分は、Aさんの給与所得や一時
　　所得の黒字の金額と損益通算することはできない。

3）総合課税の対象である一時所得の金額は、総収入金額である300万
　　円からその収入を得るために支出した金額である210万円を差し引
　　き、さらに50万円の特別控除額を差し引いて計算し、その「2分の
　　1」の金額が総所得金額に算入される。

4）株式を譲渡した場合の譲渡所得の金額は、総合課税の対象であり、
　　未上場株式R株式の売却損失の金額である20万円は、Aさんの給与
　　所得や一時所得の黒字の金額と損益通算することができる。

《問2》 Aさんの2024年分の総所得金額は、次のうちどれか。

1）660万円
2）690万円
3）710万円
4）730万円

《問3》 確定申告により、Aさんの2024年分の納付すべき（または還付さ
　　　れる）所得税額を求めなさい。なお、還付の場合は金額頭部に△印
　　　を付すこと。

● 解説と解答 ●

《問1》
1）適切である。
2）適切である。
3）適切である。
4）不適切である。株式を譲渡した場合の譲渡所得の金額は、申告分離課税の
　　対象であり、株式の売却損失の金額は、株式の売却益以外の他の所得の金
　　額と損益通算することはできない（上場株式の売却損失は、申告分離課税

を選択した上場株式の配当所得の金額とは損益通算できる）。

正解　4）

《問2》

① 給与所得の金額

給与所得控除額：1,000万円＞850万円　∴195万円

（源泉徴収票より）23歳未満の扶養親族あり

所得金額調整控除：（1,000万円－850万円）×10％＝15万円

給与所得の金額：1,000万円－195万円－15万円＝790万円

（なお、源泉徴収票から790万円を読み取ることもできる）

② 不動産所得の金額

ⅰ）総収入金額：200万円

必要経費　：350万円

不動産所得の金額：200万円－350万円＝△150万円

ⅱ）土地取得のための借入金の利息：50万円

ⅲ）他の所得と損益通算される金額：

△150万円＋50万円＝△100万円

③ 一時所得の金額：300万円－210万円－50万円＝40万円

④ 株式の売却損失の金額：申告分離課税のため、総所得金額に算入されない（損益通算もできない）。

⑤ 総所得金額：790万円－100万円＋40万円×$\frac{1}{2}$＝710万円

正解　3）

《問3》

Aさんが確定申告で納付すべき所得税額（または還付される所得税額）

ⅰ）課税総所得金額　　：710万円（《問2》参照）－310万円＝400万円

ⅱ）所得税額　　　　　：400万円×20％－42万7,500円＝37万2,500円

ⅲ）還付される所得税額：37万2,500円－53万2,500円＝△16万円

答　△16万円

6－7　各種所得がある者の確定申告⑵

《設例》会社員のＡさん（50歳）の2024年における収入等の状況は、次のとおりである。これに基づいて、以下の各問に答えなさい。

① 給与収入が800万円あった（ここから源泉所得税39万2,500円が差し引かれている）。

② 不動産所得（青色申告はしていない）があり、総収入金額500万円、必要経費880万円であった（必要経費のなかに、土地取得のための借入金の利息80万円が含まれている）。

③ 一時払養老保険（保険期間10年）の満期保険金を500万円受け取った。払込保険料総額410万円をＡさんが負担していた。

④ 上場Ｐ社株式の配当金40万円を受け取った（ここから源泉所得税６万円、住民税２万円が差し引かれている）。ＡさんはＰ社の３％未満の個人株主であり、この配当については申告不要を選択する。

⑤ 2024年１月にゴルフ会員権を譲渡して得た300万円の収入から仲介手数料10万円を引かれた290万円の入金があった。このゴルフ会員権は、10年前に490万円で購入したものである。

⑥ Ａさんの所得控除の金額は、200万円である。

《問１》Ａさんの不動産所得の金額の計算上生じた損失の金額のうち、他の所得との損益通算の対象となる金額は、次のうちどれか。

1 ）△880万円

2 ）△500万円

3 ）△380万円

4 ）△300万円

《問２》確定申告により、Ａさんの2024年分の納付すべき（または還付される）所得税額を求めなさい。なお、還付の場合は金額頭部に△を付すこと。（復興特別所得税は、考慮しないこととする）

●　解説と解答　●

《問１》

① Ａさんの不動産所得の金額

500万円－880万円＝△380万円

②　土地所得のための借入金の利息80万円

③　他の所得との損益通算の対象となる金額

　△380万円＋80万円＝△300万円

正解　4）

《問2》

〔計算過程〕

①　課税総所得金額

　イ．Aさんの給与所得の金額

　　給与所得控除額：800万円×10％＋110万円＝190万円

　　給与所得の金額：800万円－190万円＝610万円

　ロ．Aさんの不動産所得の金額のうち他の所得と損益通算される金額

　　△300万円

　ハ．Aさんの一時所得の金額

　　500万円－410万円－50万円＝40万円

　ニ．Aさんの長期譲渡所得の金額

　　ゴルフ会員権の譲渡損失は、2014年4月からの売却分は損益通算が認められない。

　　300万円－490万円－10万円＝△200万円

　ホ．Aさんの総所得金額

　　一次損益通算

　　　経常所得の金額　610万円－300万円＝310万円

　　　$310万円＋40万円×\dfrac{1}{2}＝330万円$

　ヘ．課税総所得金額

　　330万円－200万円＝130万円

②　納付すべき税額（または還付される金額）

　イ．所得税額

　　130万円×5％＝6万5,000円

　ロ．還付される金額

　　6万5,000円－39万2,500円＝△32万7,500円

答　△32万7,500円

6－8　所得控除と源泉徴収税額の計算

《設例》会社員のＡさん（51歳）の家族は、妻（専業主婦、44歳）、長女（大学生、20歳）、長男（高校生、17歳）の３人である。

　　Ａさんが勤務先から渡された2024年分の源泉徴収票によると、Ａさんの給与収入は1,000万円、給与所得控除および所得金額調整控除後の金額は790万円である。また、社会保険料控除額は140万円、生命保険料控除額は５万円、地震保険料控除額は５万円である。

　　ＡさんおよびＡさんの家族は障害者に該当しない。妻、長女、長男は無収入である。これに基づいて、以下の各問に答えなさい。

《問１》Ａさんの2024年分の所得税における所得控除の金額の合計額として、最も適切なものは次のうちどれか。
1）312万円
2）337万円
3）340万円
4）365万円

《問２》源泉徴収票の源泉徴収税額欄に記入されるＡさんの所得税の源泉徴収税額（復興特別所得税を含めない金額とする）を求めなさい。所得控除の金額の合計額は（問１）で選択した金額を用いること。

● 解説と解答 ●

《問１》
　配偶者控除38万円＋特定扶養控除63万円＋一般扶養控除38万円
　＋社会保険料控除140万円＋生命保険料控除５万円
　＋地震保険料控除５万円＋基礎控除48万円＝337万円

　　　　　　　　　　　　　　　　　　　　　　　　　　正解　2）

《問２》
① 課税総所得金額　790万円－337万円＝453万円
② 所得税額　　　　453万円×20％－42万7,500円＝47万8,500円
③ 源泉徴収税額欄の金額　47万8,500円

　　　　　　　　　　　　　　　　　　　　答　47万8,500円

6-9 給与所得者の住宅借入金等特別控除

《設例》Bさん（47歳）は給与所得者で、2024年10月に新築の土地付一戸
建住宅を購入し、翌11月から居住の用に供した。Bさんの家族は妻
と長男（高校生、16歳）の一家3人である。Bさんは所得税の確定
申告をして住宅借入金等特別控除の適用を受けることにしている。
Bさんの所得等の状況、取得した住宅の内容、借入金等の状況は次
のとおりである。これに基づいて、以下の各問に答えなさい。

(1) 2024年分の所得等の状況
給与収入の金額：2,000万円（他に収入はない）
所得控除の額の合計額：210万円
源泉徴収票に記載された源泉徴収税額のうち、所得税額の金額：
367万8,000円
　**（この金額は源泉徴収票に記載された源泉徴収税額から復興特別
所得税額を控除した金額である）**
(2) 取得した住宅の内容、借入金の状況
建物 120m^2、取得価額2,500万円
土地 180m^2、取得価額5,000万円
調達資金：自己資金　　　1,500万円
　　　　　銀行借入金　　 5,000万円（30年の割賦償還）
　　　　　親からの借入金　1,000万円
　　　　　銀行借入金の年末残高　4,970万円
　この住宅は住宅借入金等特別控除の適用対象となる省エネ基準適合住
宅である。

《問1》Bさんの2024年分の住宅借入金等特別控除の金額は、次のうちど
れか。
1）10万円
2）12万円
3）21万円
4）49万7,000円

《問2》 Bさんが所得税の確定申告をして、住宅借入金等特別控除の適用を受けた場合に還付される所得税額（還付税額）の金額を求めなさい。（復興特別所得税の計算は不要である）

解説と解答

《問1》

イ．住宅の取得価額：
建物取得価額2,500万円＋土地取得価額5,000万円＝7,500万円

ロ．銀行借入金の年末残高　4,970万円

ハ．7,500万円＞4,970万円　　∴4,970万円

ニ．4,970万円＞3,000万円　　∴3,000万円

よって、3,000万円×0.7％＝21万円

正解　3）

住宅ローン減税の借入限度額および控除期間

		2022年または2023年に入居	2024年または2025年に入居
		上段：借入限度額 下段：控除期間	上段：借入限度額 下段：控除期間
新築	一般住宅	3,000万円 13年	2,000万円 (注)10年
	省エネ基準適合住宅	4,000万円 13年	3,000万円 13年
	ZEH水準省エネ住宅 （ゼロ・エネルギー・ハウス）	4,500万円 13年	3,500万円 13年
	認定住宅	5,000万円 13年	4,500万円 13年
中古	一般住宅		2,000万円 10年
	省エネ基準適合住宅、ZEH水準省エネ住宅、認定住宅		3,000万円 10年

注：2024年1月1日以後に建築確認を受ける家屋（登記上の建築日付が2024年6月30日以前のものは除く）または建築確認を受けない家屋で登記上の建築日付が2024年7月1日以降のものは本特例の適用不可。

住宅ローン減税の控除率および所得要件

	2022〜2025年に入居
控除率	0.7%
所得要件（適用対象者の適用を受ける年分）	合計所得2,000万円以下

《問2》

給与所得控除額：195万円

所得金額調整控除：$(1,000万円 - 850万円) \times 10\% = 15万円$

給与所得：$2,000万円 - 195万円 - 15万円 = 1,790万円$

所得控除の額の合計額　210万円

課税総所得金額：$1,790万円 - 210万円 = 1,580万円$

算出所得税額　：$1,580万円 \times 33\% - 153万6,000円 = 367万8,000円$

住宅借入金等特別控除額：$3,000万円 \times 0.7\% = 21万円$

差引所得税額：$367万8,000円 - 21万円 = 346万8,000円$

申告納税額　：$346万8,000円 - 367万8,000円 = \triangle 21万円$　→　還付される

答　21万円

6－10　譲渡所得と損益通算

《設例》Aさんは会社員であるが、生花店も営んでおり、妻に実務を任せている（事業主はAさんで、妻は青色事業専従者である）。Aさんの2024年中の収入等の状況は下記のとおりであり、所得税の所得控除の合計額は310万円である。これに基づいて、以下の各問に答えなさい。なお、家族は妻のみで、Aさんも妻も障害者ではない。

〈資料〉
① 給与収入（税引前）　1,000万円（源泉徴収税額56万2,500円）
② 生花店の事業所得　△200万円
③ 上場株式の譲渡損失　△730万円
④ 土地（更地）の売却損失　△100万円
⑤ 事業用トラックの譲渡損失　△80万円

なお、⑤は、②の事業所得の計算には含まれていない。また、トラックの所有期間は3年間である。

《問1》Aさんの譲渡所得等に関する次の記述のうち、最も適切なものはどれか。
1）事業用のトラックの譲渡損失は、事業所得の必要経費に該当し、その譲渡損失は事業所得の金額の計算上控除される。
2）上場株式の譲渡損失の金額は、給与所得の金額と損益通算することができる。
3）土地（更地）の売却損失は、申告分離課税となる譲渡所得の損失であるが、土地建物等の譲渡による所得以外の他の所得金額とも損益通算することができる。
4）事業所得の赤字の金額は、原則として他の所得の金額と損益通算することができる。

《問2》Aさんの2024年分の総所得金額として、次のうち最も適切なものはどれか。
1）△305万円
2）　525万円
3）　605万円

4)　　805万円

《問 3 》　Aさんの2024年分の納付すべき所得税額、または還付される所得
　　　　税額を求めなさい。（復興特別所得税額の計算は不要である）

・ 解説と解答 ・

《問 1 》
1)　不適切である。事業用のトラックの譲渡による所得は、譲渡所得に該当
　　し、その譲渡損失はまず譲渡所得・一時所得から控除し、控除しきれない
　　ときは他の所得の金額と損益通算することができる。
2)　不適切である。株式等の譲渡損失の金額は、株式の譲渡以外の他の所得金
　　額とは損益通算することができない（申告分離課税を選択した上場株式の
　　配当とは損益通算可）。
3)　不適切である。土地建物等の売却損失は、申告分離課税となる譲渡所得の
　　損失ではあるが、特定の居住用財産である場合を除いて土地・建物の譲渡
　　以外の他の所得金額とは損益通算することができない。
4)　適切である。事業所得の赤字の金額は、他の所得の金額と損益通算するこ
　　とができる（株式等・土地建物等の譲渡にかかる事業所得を除く）。

正解　4)

《問 2 》
　　　給与所得金額：1,000万円 - 195万円（給与所得控除額）＝805万円
　　　事業所得金額：△200万円
　　　譲渡所得金額：△80万円（総合課税の短期譲渡）
　　　総所得金額　：805万円 - 200万円 - 80万円＝525万円

正解　2)

《問 3 》
　　　課税所得金額：525万円 - 310万円＝215万円
　　　所得税額　　：215万円×10% - 9 万7,500円（速算表）＝11万7,500円
　　　納付すべきまたは還付される所得税額：
　　　　　　　11万7,500円 - 56万2,500円＝△44万5,000円　→　還付される

答　還付所得税額　44万5,000円

6－11　金融商品の税金(1)

> 《設例》会社員であるＡさん（49歳）は、2024年中において、以下の金融
> 資産の譲渡損益があった。

内　　容	金　　額
①　外国国債の譲渡益	100万円
②　利付国債の譲渡益	12万円
③　利付国債の譲渡損	△6万円
④　公募株式投資信託の譲渡益（Ｘ証券会社の一般口座）	160万円
⑤　上場株式の譲渡益（Ｙ証券会社の一般口座）	240万円
⑥　上場株式の譲渡損（Ｚ証券会社の特定口座〈源泉徴収選択口座〉）	△120万円

　また、会社員であるＢさん（55歳）は、Ｘ証券会社に開設した特定口座〈源泉徴収選択口座〉において公募株式投資信託の取引を行っており、その取引は以下のとおりである（なお、表中の基準価額は、当該取引時の基準価額を表し、10,000口当りの価額とする）。

①　Ｍファンド
・2023年12月：1,000,000口購入（基準価額10,500円） ・2024年6月：元本払戻金（特別分配金）50,000円受取り ・2024年11月：1,000,000口解約（基準価額9,500円）
②　Ｋファンド
・2024年3月：1,000,000口購入（基準価額10,000円） ・2024年9月：普通分配金120,000円受取り ・2024年12月：1,000,000口解約（基準価額12,000円）

※復興特別所得税については考慮しないものとする。
※上記以外の条件は考慮せず、各問に従うこと。

《問1》 Aさんの金融資産の譲渡損益に係る課税上の取扱いに関する次の記述のうち、最も不適切なものはどれか。

1) 外国国債の譲渡益については、申告分離課税とされる。
2) 利付国債の譲渡益については申告分離課税とされ、譲渡損については、他の特定公社債等の譲渡所得と通算できる。
3) 公募株式投資信託の譲渡益については、株式等の譲渡に係る譲渡所得等として、申告分離課税により課税される。
4) 源泉徴収選択口座における譲渡損については、他の特定口座等において上場株式の譲渡益がある場合でも、確定申告によりその損益を通算することができない。

《問2》 Bさんの公募株式投資信託取引に係る課税上の取扱い等に関する次の記述のうち、最も不適切なものはどれか。

1) Mファンドの元本払戻金（特別分配金）については、非課税である。
2) Mファンドの元本払戻金（特別分配金）を受け取った後のBさんの個別元本は、10,000円（10,000口当り）となる。
3) Kファンドの普通分配金については、株式等の譲渡に係る譲渡所得等として課税される。
4) Kファンドの解約に係る譲渡所得の金額は、手数料等を考慮しないものとすると、200,000円である。

《問3》 設例を基に、以下の問に答えなさい。

(1) Aさんが最も有利になるように2024年分の確定申告をする場合において、申告分離課税の対象となる上場株式等に係る譲渡所得等の金額を求めなさい。なお、手数料等については考慮しないこととし、他の所得、所得控除、税額控除等を考慮する必要はないものとする。

(2) BさんのMファンドの解約に係る譲渡所得の金額を求めなさい。損失となる場合は金額の前に△を付すこと。手数料等については考慮しないこととする。

・解説と解答・

《問1》
1）適切である。
2）適切である。
3）適切である。
4）不適切である。源泉徴収選択口座における上場株式等の譲渡による損益については、確定申告をすることにより、他の口座における譲渡損益と通算することができる。なお、このほか、上場株式等に係る譲渡損失を繰越控除する特例の適用を受ける場合などは、確定申告をする必要がある。

<u>正解　4）</u>

《問2》
1）適切である。元本払戻金（特別分配金）は、元本を取り崩して分配された分配金であり、非課税となる。
2）適切である。10,000口当りでみると、分配金支払前のBさんの個別元本は10,500円であり、分配前基準価額が10,500円、分配金500円、分配後基準価額10,000円となったので、分配金支払前の個別元本が分配後基準価額を上回る部分（500円）が元本払戻金（特別分配金）として取り扱われることになる。したがって、分配金支払後のBさんの個別元本は、10,000円となる。
3）不適切である。公募株式投資信託の普通分配金は、配当所得に該当する。
4）適切である。
　　　譲渡価額：12,000円×（1,000,000口／10,000口）＝1,200,000円
　　　取得価額：10,000円×（1,000,000口／10,000口）＝1,000,000円
　　　譲渡所得の金額：1,200,000円－1,000,000円＝200,000円

<u>正解　3）</u>

《問3》
(1)　〔計算過程〕
　　　100万円＋12万円－6万円＋160万円＋240万円－120万円
　　　＝386万円

<u>答　386万円</u>

（参考）
・特定公社債等の売却益については、特定公社債等の譲渡所得等として所得税等15.315％・住民税5％の税率による申告分離課税の対象となり、損失は他

　の特定公社債等の譲渡所得等から控除できる。
・⑥の上場株式の譲渡損については、源泉徴収選択口座内の取引であるが、確定申告により、他の口座における譲渡損益と通算することができる。
・①〜⑥は、すべて上場株式等の範囲に含まれる。
(2)　〔計算過程〕
　譲渡価額：9,500円×(1,000,000口／10,000口)＝950,000円
　取得価額：10,500円×(1,000,000口／10,000口)－50,000円＝1,000,000円
　譲渡所得の金額：950,000円－1,000,000円＝△50,000円

答　△50,000円

(参考)
〈元本払戻金（特別分配金）とは〉

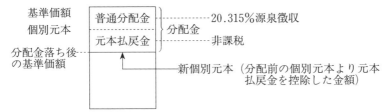

元本払戻金＝期中分配金－普通分配金
　　↓
収益分配金を受領した後の基準価額（分配金落ち後の基準価額）が直前の個別元本を下回った場合
　　↓
投資家の拠出金から支払われる部分（元本を喰い込む部分）であり、所得税は課税されない。

6－12　金融商品の税金⑵

《設例》会社員であるＡさんは、2024年１月に、少額投資非課税制度の適用を受けるため、Ｘ証券会社に非課税口座（以下「NISA口座」という）を開設した。Ａさんが、同年中にNISA口座を利用してＸ証券会社を通じて行った取引は次のとおりである。

・２月　Ｐ上場株式の取得　50万円
・３月　Ｑ公募株式投資信託の購入　15万円
・６月　Ｒ公募株式投資信託の購入　20万円
・10月　Ｐ上場株式の取得価格20万円分の株式を売却

　　　また、Ａさんは、上記NISA口座における取引のほかに、2024年中において、次の金融資産の譲渡損益があった。

・３月　Ｓ公募株式投資信託の譲渡益（Ｘ証券の一般口座）　150万円
・５月　Ｔ上場株式の譲渡益（Ｙ証券の一般口座）　300万円
・９月　Ｕ上場株式の譲渡損（Ｚ証券の特定口座〈源泉徴収選択口座〉）△50万円

　　　また、会社員であるＢさんは、Ｘ証券会社の特定口座〈簡易申告口座〉において、公募株式投資信託の取引を行っており、2024年中における取引は次のとおりである。

・２月　Ｑ公募株式投資信託の期中（普通）分配金の受取り　12万円
・６月　Ｒ公募株式投資信託の元本払戻金（特別分配金）の受取り　6万円
・10月　Ｑ公募株式投資信託の解約による譲渡益　60万円
・11月　Ｒ公募株式投資信託の解約による譲渡損　△150万円

※上記以外の条件は考慮せず、各問に従うこと。

《問１》ＡさんのNISA口座に関する次の記述のうち、最も不適切なものはどれか。

１）Ａさんは、Ｘ証券会社の一般口座からNISA口座にＳ公募株式投資信託を移管すれば、その譲渡益について非課税措置を受けることができる。

２）Ａさんは、Ｐ上場株式の一部売却に係る非課税投資枠について、売

却した翌年以降であれば、再利用することができる。
3）　Aさんは、一定期間に手続きをすれば、NISA口座をX証券会社から別の証券会社に変更することができる。
4）　Aさんは、仮にP上場株式の売却により損失が生じた場合、別に保有している特定口座において上場株式等の売却による譲渡益があるときでも、その損益通算をすることができない。

《問2》　Bさんの公募株式投資信託取引に係る課税上の取扱い等に関する次の記述のうち、最も不適切なものはどれか。
1）　Q公募株式投資信託の期中（普通）分配金については、配当所得として課税される。
2）　R公募株式投資信託の元本払戻金（特別分配金）については、非課税である。
3）　Q公募株式投資信託の解約による譲渡益については、上場株式等の譲渡に係る譲渡所得等として、申告分離課税により課税される。
4）　R公募株式投資信託の解約による譲渡損については、Q公募株式投資信託の解約による譲渡益と損益を通算することができない。

《問3》　Aさんが2024年分の確定申告をする場合において、Aさんに最も有利になるように、①申告分離課税の対象となる上場株式等に係る譲渡所得等の金額、②その譲渡所得等の金額に対する所得税および復興特別所得税の合計額と住民税額を求めなさい。なお、手数料については考慮しないものとし、他の所得、所得控除・税額控除等についても考慮しないものとする。

・解説と解答・

《問1》
1）　不適切である。既に特定口座や一般口座で保有している上場株式等をNISA口座に移管して非課税措置を受けることはできない。
2）　適切である。非課税口座内に保有している商品を売却した場合、翌年以降、売却部分の非課税枠を再利用することができる。
3）　適切である。非課税口座は1人1口座しか開設できないが、変更したい年の前年10月1日から翌年9月30日までの間に手続きをすれば、NISA口座

を別の証券会社に変更することができる。

4）適切である。非課税口座で取得した上場株式等の売却により生じた損失は
　ないものとみなされ、その損失と別の特定口座や一般口座で保有する上場
　株式等の配当等やその上場株式等の売却による譲渡益との損益通算や繰越
　控除をすることはできない。

正解　1）

《問2》

1）適切である。

2）適切である。元本払戻金（特別分配金）は、元本を取り崩して分配された
　分配金であり、非課税となる。

3）適切である。

4）不適切である。解約による損益は、いずれも上場株式等の譲渡に係る譲渡
　所得等として損益を通算できる。

正解　4）

《問3》

①〔計算過程〕

150万円＋300万円＋△50万円＝400万円

①　答　400万円

②〔計算過程〕

・所得税額：400万円×15％＝60万円

　復興特別所得税額：60万円×2.1％＝1万2,600円

　合計：60万円＋1万2,600円＝61万2,600円

・住民税額：400万円×5％＝20万円

②　答　所得税および復興特別所得税の合計額　61万2,600円

住民税額　　20万円

（注）

・公募株式投資信託の譲渡益、上場株式の譲渡損益は、いずれも上場株式等に
　係る譲渡所得等となる。

・なお、源泉徴収選択口座における取引であっても、確定申告することによ
　り、他の口座における譲渡損益と通算できる。

6 － 13　配当所得等の課税関係(1)

《設例》Ａさん（51歳）の2024年中の所得の内訳は、下記〈資料〉のとおりであり、いずれも源泉所得税差引前の金額である。なお、Ａさんの所得控除の合計額は300万円である。

〈資料〉

(1)　給与収入：600万円

(2)　国内上場株式の配当：20万円

(3)　国内公募株式投資信託の期中（普通）分配金：98万円

(4)　生命保険（保険料負担者・被保険者・満期保険金受取人はＡさん）の満期保険金：500万円（保険期間10年・保険料払込総額380万円）

(5)　国内上場転換社債型新株予約権付社債の償還差益：57万円

《問》　Ａさんが2024年分の所得税の確定申告をする場合に関して、①〜③の額を求めなさい。なお、復興特別所得税については考慮しないものとする。また、Ａさんは、設例〈資料〉(2)の国内上場株式の配当は総合課税を選択し、同(3)の国内公募株式投資信託の期中（普通）分配金は確定申告不要制度を選択することとする。

①　国内公募株式投資信託の期中（普通）分配金から源泉徴収される所得税の額

②　一時所得の金額

③　配当控除の額

・解説と解答・

①　国内公募株式投資信託の期中（普通）分配金の源泉徴収税額

・98万円×15％＝147,000円

②　一時所得の金額

・500万円－380万円－50万円＝700,000円

なお、総所得金額に算入する金額は70万円×$\frac{1}{2}$＝350,000円である。

③　配当控除の額

・20万円×10％＝20,000円

答　①　147,000円　　②　700,000円　　③　20,000円

6－14　配当所得等の課税関係(2)

《設例》Cさん（64歳）の2024年中の収入金額等は、次のとおりであった。これに基づいて以下の問に答えなさい。

(1) 公的年金等の収入金額（税引前）450万円（なお、源泉徴収税額は、21万円）

(2) 上場株式の配当金（配当の計算期間は1年間〈3月決算〉で、確定申告不要制度を選択していない。また、Cさんの持株割合は、いずれも3％未満である）

	（税引前配当金）	（株式取得に係る負債の利子）
A株式	9万円	0円
B株式	18万円	5万円

(3) 銀行の定期預金の利子（税引前）30万円

(4) 生命保険（保険期間10年）の満期保険金530万円を受け取り、Cさんが支払った保険料の総額は、400万円であった。

(5) 所得税における所得控除額は、175万円である。

《問》確定申告によりCさんの2024年分の納付すべき所得税額または還付税額を求めなさい。なお、上場株式の配当所得については、有利な課税方式を選択することとする。また、復興特別所得税は考慮しないこととする。

● 解説と解答 ●

雑 所 得 の 金 額　① 450万円

② 450万円×15％＋68万5,000円＝136万円

③ ①－②＝314万円

配当所得の金額　① 9万円＋18万円＝27万円

② 5万円

③ ①－②＝22万円

一時所得の金額　① 530万円

② 400万円（収入を得るための支出）

③　①－②－$\overset{\text{（特別控除）}}{50万円}$＝80万円

総 所 得 金 額　314万円＋22万円＋80万円×$\frac{1}{2}$＝376万円

課税総所得金額　376万円－175万円＝201万円

算 出 税 額　201万円×10％－９万7,500円（速算表）＝10万3,500円

配 当 控 除　22万円×10％＝２万2,000円

源 泉 徴 収 税 額　21万円＋27万円×15％＝25万500円

納付すべき所得税額　10万3,500円－２万2,000円－25万500円＝△16万9,000円

答　還付される所得税額　16万9,000円

（参考１）

（株式の配当）　$\overset{\text{課税総所得金額}}{695万円}$以下…所得税（20.42％－10.21％）

　　　　　　　　＋住民税（10％－2.8％）

　　　　　　　　＝17.41％＜15.315％＋５％…総合課税で申告したほうが有利

（参考２）配当控除額（「証券投資信託の収益の分配」、「一般外貨建等証券投資信託の収益の分配」がない場合）の計算式

区分	配当控除額の限度額
課 税 総 所 得 金 額 が 1,000万円以下の場合	（配当所得の金額）×10％
課 税 総 所 得 金 額 が 1,000万円超の場合	【配当所得の金額のうち課税総所得金額から1,000万円を差し引いた金額に達するまでの部分の金額（A）×５％】＋【配当所得の金額のうち（A）以外の部分の金額×10％】

6−15　不動産の譲渡

《設例》個人事業主であるＡさんは、店舗の敷地として使用していた土地を譲渡した。Ａさんが譲渡した土地の上には、店舗が１棟建てられていたが、買主の希望により取り壊した。

〈譲渡した土地〉

　Ａさんの父親が1985年に4,000万円で購入し、直ちにその土地の上に店舗を建築し、その店舗の敷地として使用していたものを、Ａさんが相続（2021年４月５日相続開始）により取得し、引き続き店舗の敷地として使用していた。

　なお、父親より相続（限定承認ではない）した際のこの土地の相続税評価額は、３億1,000万円であった。また、店舗の取壊し直前の未償却残高は、120万円である。

・譲渡価額：３億2,000万円
・譲渡の日：2024年７月15日（契約日）、2024年８月30日（引渡日）

〈譲渡に伴う費用〉

・土地の譲渡に際して支出した仲介手数料：950万円
・土地を譲渡するために支出した建物の取壊し費用：130万円

《問》設例のＡさんの譲渡に係る所得税額（復興特別所得税を含む）および住民税額を、Ａさんに最も有利になるように、それぞれ求めなさい。なお、Ａさんは、買換資産を取得しておらず、税制上の特別な優遇措置の適用を受けないこととする。また、相続財産に係る譲渡所得の課税の特例（相続税額の取得費加算）、所得控除および税額控除についても考慮しないこととする。

●解説と解答●

〔計算過程〕

① 課税（長期）譲渡所得金額

　３億2,000万円−4,000万円（取得費（注））

　−（950万円（仲介手数料）+130万円（取壊し費用）+120万円（家屋未償却残高））

　＝２億6,800万円

　（注）　3 億2,000万円×5 ％＝1,600万円＜4,000万円（∴4,000万円）
② 税額

　所得税・復興特別所得税： 2 億6,800万円×15.315％＝4,104万4,200円

　住民税： 2 億6,800万円× 5 ％＝1,340万円

※父親の取得費と取得時期を引き継ぐため譲渡の年の 1 月 1 日においてその所有期間が 5 年超となる。したがって、長期譲渡所得としての税率が適用される。

　　　答　所得税・復興特別所得税：4,104万4,200円　住民税：1,340万円

6-16 賃貸用不動産の譲渡

《設例》2024年12月、Sさんは以下の土地を2億円で譲渡した。譲渡した土地および譲渡費用の明細は次のとおりである。これに基づいて以下の問に答えなさい。

〈譲渡した土地〉

2007年6月に建物付きで購入したもので、譲渡までの間は、賃貸の用に供していた。

購入価格　土　地　7,000万円

　　　　　建　物　2,000万円（譲渡直前に取り壊した。取壊し直前の未償却残高は、600万円である）

〈譲渡に伴う費用〉

① 賃借人を立ち退かせるための立退料　1,000万円

② 土地を譲渡するために取り壊した建物の取壊費用　200万円

③ 土地の譲渡に際して支出した仲介手数料　600万円

《問》　上記の資料に基づき、Sさんの2024年分の(1)土地についての課税譲渡所得金額と、(2)この課税譲渡所得金額に対する所得税（復興特別所得税を含む）と住民税の額を求めなさい。それぞれ個別に計算することとし、所得控除、その他の条件は考慮しないこととする。特別の優遇税率の適用を受けるための要件は備えていない。また取得費は、実際の取得費で計算すること。

解説と解答

(1)　譲渡収入：2億円

取得費：7,000万円

譲渡費用：600万円＋1,000万円＋200万円＋600万円＝2,400万円

課税譲渡所得金額：2億円－7,000千円－2,400万円＝1億600万円

答　1億600万円

(2)　所得税・復興特別所得税：1億600万円×15.315％＝1,623万3,900円

住民税：1億600万円×5％＝530万円

答　所得税・復興特別所得税　1,623万3,900円

住民税　　　　　　　　　530万円

6 −17 居住用不動産の譲渡⑴

《設例》Aさんは、1993年10月に、国内所在の土地（300m²）を取得し、その後、1997年3月にその土地上に建物を建築して、家族とともにそこに居住していたが、2024年9月に当該土地および建物を譲渡した。譲渡資産の概要は、下記〈資料〉のとおりである。

〈資料〉

譲渡資産	譲渡収入金額	取得費	譲渡費用
土地	1億5,250万円	4,800万円	450万円
建物	750万円	700万円 （減価償却費相当額控除後）	50万円

※上記以外の条件は考慮せず、各問に従うこと。

《問1》「居住用財産の譲渡所得の特別控除」（以下「3,000万円特別控除」という）の適用要件等に関する次の記述のうち、最も適切なものはどれか。

1）Aさんの2024年分の合計所得金額が3,000万円を超えている場合には、Aさんは3,000万円特別控除の適用を受けることができない。

2）Aさんの譲渡した土地・建物の所有期間が4年であった場合でも、3,000万円特別控除の適用を受けることができる。

3）Aさんが土地・建物を長男に譲渡した場合でも、Aさんは3,000万円特別控除の適用を受けることができる。

4）Aさんが譲渡契約締結にあたり建物を取り壊して、敷地であった土地のみを直ちに譲渡した場合には、Aさんは3,000万円特別控除の適用を受けることができない。

《問2》Aさんが設例にあるとおり居住用財産（土地および建物）を譲渡して、「居住用財産の譲渡所得の特別控除」（いわゆる3,000万円特別控除）の適用を受ける場合について、Aさんに最も有利になるように、①土地・建物合算の課税譲渡所得金額、②所得税額（復興特別所得税を含む）および住民税額を求めなさい。なお、所得控除、税額控除、その他の条件は考慮しないものとする。

・解説と解答・

《問1》

1）不適切である。3,000万円特別控除の適用要件として、所得制限はない。

2）適切である。居住用財産を譲渡した場合、所有期間の長短に関係なく、譲渡所得から最高3,000万円の控除をすることができる。

3）不適切である。譲渡者の配偶者および直系血族、譲渡者と生計を一にしている親族譲渡者と内縁関係にある者など、譲渡者と特別の関係がある場合には、3,000万円特別控除の適用を受けることができない。

4）不適切である。居住用家屋を取り壊し、敷地であった土地のみを譲渡した場合でも、①その敷地の譲渡契約が家屋取壊しの日から1年以内に締結され、かつ、住まなくなった日から3年目の年の12月31日までに譲渡すること、②家屋を取り壊してから譲渡契約締結日まで、その敷地を他の用に供していなければ、3,000万円特別控除の適用を受けることができる。

正解　2）

《問2》

① 課税（長期）譲渡所得金額〔計算過程〕

$$建物：750万円 - (700万円 + 50万円) = 0円$$
(譲渡収入)　(取得費)　(譲渡費用)

$$土地：1億5,250万円 - (4,800万円 + 450万円) = 1億円$$
(譲渡収入)　(取得費)※　(譲渡費用)

　　※取得費：1億5,250万円 × 5％ ＝ 762万5,000円 ＜ 4,800万円

∴4,800万円

課税長期譲渡所得金額 ＝ (0円 + 1億円) - 3,000万円 ＝ 7,000万円
(譲渡益)　　　　　(特別控除)

①　答　7,000万円

② 税額〔計算過程〕

所得税：6,000万円 × 10％ + (7,000万円 - 6,000万円) × 15％ ＝ 750万円

復興特別所得税：750万円 × 2.1％ ＝ 15万7,500円

所得税・復興特別所得税：765万7,500円

住民税：6,000万円 × 4％ + (7,000万円 - 6,000万円) × 5％ ＝ 290万円

②　答　所得税・復興特別所得税 765万7,500円、住民税 290万円

6 −18　居住用不動産の譲渡(2)

《設例》Mさんは、自己の居住用としている家屋とその敷地である土地を
2024年12月に譲渡し、2025年 1 月に新たに居住用の土地・建物を買
換え取得し直ちに居住の用に供した。譲渡した土地・建物および買
換え取得した土地・建物の概要は、次のとおりである。なお、譲渡
資産と買換資産はいずれも日本国内に所在する。これに基づいて、
以下の問に答えなさい。

・譲渡した土地・建物

取得の日　　土地：1991年、建物：1996年

取得費　　　土地　500万円、建物　300万円（減価償却費相当額控除
後）

譲渡価額　　土地・建物合計　7,000万円

譲渡費用　　200万円

・買換え取得した土地・建物

取得価額　　土地（180m²）　2,900万円

建物（140m²）　2,000万円

《問》　Mさんが設例のように居住用財産を買い換えた場合、「特定の居住
用財産の買換えの場合の長期譲渡所得の課税の特例」の適用を受け
る場合の土地・建物合算の課税譲渡所得金額および税額（所得税・
復興特別所得税および住民税）を求めなさい。なお、所得控除、そ
の他の条件は考慮しないものとする。

解説と解答

① 課税譲渡所得金額

$$(\underset{(収入金額)}{7,000万円 - 4,900万円}) - (\underset{(取得費)}{500万円 + 300万円} + \underset{(譲渡費用)}{200万円})$$

$$\times \frac{7,000万円 - 4,900万円}{7,000万円} = 1,800万円$$

答　1,800万円

② 税額

所得税・復興特別所得税：1,800万円×15.315％＝275万6,700円

　　　住民税：1,800万円×5％＝90万円

答　所得税・復興特別所得税　275万6,700円

住民税　　　　90万円

（参考）

　なお、買換えの特例の適用を受けず、居住用財産の3,000万円特別控除および軽減税率の特例の適用を受けた場合の税額計算は、次のとおりである。

① 課税譲渡所得金額

　7,000万円－（500万円＋300万円＋200万円）－3,000万円
　＝3,000万円

② 税額

　所得税・復興特別所得税：3,000万円×10.21％＝306万3,000円
　住民税：3,000万円×4％＝120万円

6－19　居住用不動産の譲渡(3)

《設例》Nさん（給与所得者）は、次のとおり自宅（土地面積330m²）を
売却し、新たに自宅を買換え取得したが、売却損失が発生した。こ
れに基づいて以下の各問に答えなさい。

(1) 売却した自宅
・売却金額　　　1億1,000万円
・売却時期　　　2024年5月
・譲渡費用　　　300万円
・取得金額　　　1億6,000万円（売却時までの建物の償却費相当額800
　　　　　　　　　　　　万円控除前）
・取得時期　　　2010年4月

(2) 買換え取得した自宅
・取得金額　　　1億2,000万円（土地1億円、建物2,000万円（消費税
　　　　　　　　　　　　10％含む））
・取得時期　　　2024年10月（同月に入居した）
・資金調達　　　自己資金　　　5,000万円
　　　　　　　　住宅ローン（償還期間30年）　　7,000万円

この自宅の売却損については、「居住用財産の買換えの場合の譲渡
損失の損益通算および繰越控除の特例」の適用要件をすべて満たして
いる。

《問1》設例によると、Nさんの2025年に繰り越すことができる譲渡損失
の金額として最も適切なものは、次のうちどれか。ただし、2024年
分の給与所得金額は2,800万円であり、ほかに所得の金額はない。
また、取得費は実際の取得費により計算するものとする。
1）△5,000万円
2）△4,500万円
3）△4,200万円
4）△1,700万円

《問2》Nさんの2025年分の所得税の確定申告により還付される所得税額
を求めなさい。なお、復興特別所得税は考慮しなくてよい。

〈資料〉
　①2025年分の給与所得金額　　　　　　　2,800万円
　②2025年分の所得控除の合計額　　　　　　300万円
　③2025年分の給与に係る源泉徴収税額　720万4,000円
　④2025年末住宅ローン残高　　　　　　　6,800万円
　　なお、住宅借入金等特別控除の要件をすべて満たしているものとする。2025年分の住宅借入金等特別控除は、確定申告により適用を受ける予定である。なお、取得した住宅は新築で省エネ基準適合住宅に該当する。また、2025年分の税率等は2024年分とすべて同一とし、その他の条件は考慮しないものとする。

・解説と解答・

《問1》
　　1億1,000万円－（1億6,000万円－800万円）－300万円＝△4,500万円
　　2,800万円－4,500万円＝△1,700万円

正解　4）

《問2》
　この設例の場合、2024年分は課税所得が発生しないので、住宅借入金等特別控除の適用の余地はなく、結果として12年間しか適用できない。
　2024年度税制改正により、2024年1月1日以後入居した場合、省エネ基準適合住宅の場合の借入限度額は「子育て特例対象個人」以外は3,000万円で控除率は0.7％、控除期間は13年である。
　　2,800万円－1,700万円－300万円＝800万円
　　800万円×23％－63万6,000円（速算表）＝120万4,000円
　　住宅借入金等特別控除額：3,000万円×0.7％＝21万円
　　差引所得税額：120万4,000円－21万円＝99万4,000円
　　還付所得税額：99万4,000円－720万4,000円＝△621万円

答　621万円

6 －20　特定の事業用資産の買換え

《設例》小売業を営むＡさんは、長年所有してきた以下の店舗とその敷地
を、自分自身の高齢化と最近の売れ行き不振に対応し、このたび一
括して譲渡のうえ、賃貸需要の見込める場所に新たに賃貸マンショ
ンを購入し、安定収入を得ることとした。

〈資料〉

・譲渡した土地・建物（譲渡の日は2024年 5 月 1 日）

	譲渡価額	取得費	譲渡費用	取得の日
土地（300m^2）	4 億円	1,000万円	1,000万円	1984年10月
建物（200m^2）		4,000万円		2012年 6 月

（建物の取得費は未償却残高である）

・購入した土地・建物

	購入価額	取得の日
土地（1,000m^2）	1 億5,000万円	2024年12月10日に取得後直ち
建物（800m^2）	1 億円	に事業の用に供した

《問》　設例のＡさんの買換えについて、「特定の事業用資産の買換えの特
例」の適用を受けた場合のＡさんの譲渡所得に対する所得税・復興
特別所得税および住民税の額を求めなさい。なお、譲渡所得金額の
計算は土地・建物一括して行い、各種所得控除等記載事項以外の要
件は考慮しないこと。

（参考算式）

$$課税長期譲渡所得金額＝（譲渡資産の譲渡価額(A)－買換資産の取得価額(B)$$
$$\times 0.8）－（譲渡資産の取得費＋譲渡費用）$$
$$\times \frac{(A)－(B)\times 0.8}{(A)}$$

・解説と解答・

〔計算過程〕

① 課税長期譲渡所得金額

（4億円 − 2億5,000万円×80%）

$-(5,000万円+1,000万円) \times \dfrac{4億円 - 2億5,000万円×80\%}{4億円}$

= 1億7,000万円

② 税額

所得税・復興特別所得税：1億7,000万円×15.315% = 2,603万5,500円

住民税：1億7,000万円× 5 % = 850万円

答　所得税・復興特別所得税 2,603万5,500円　住民税 850万円

6−21　固定資産税・都市計画税

《設例》Yさんは昨年3月に500m^{2}の土地を取得し、そのうち300m^{2}の土地の上に居宅（120m^2）を新築、本年3月に完成し入居した。また、残る200m^{2}の土地上には、昨年貸店舗を建設し、賃貸している。取得した土地は市街化区域内にあり都市計画区域として決定されている。

　　Yさんの取得した土地および建物（店舗）の本年度分の固定資産課税台帳に登録されている価格は次のとおりである（来年度分も同額とする）。これに基づいて以下の各問に答えなさい。

　　土　　　地　9,600万円（購入価額　1億5,000万円）　　500m^2
　　家屋（店舗）　1,000万円（建築価額　　　1,500万円）　　100m^2

《問1》固定資産税・都市計画税に関する次の記述のうち、最も不適切なものはどれか。

1）Yさんの入居した居宅については、本年3月に完成しているから、居宅に係る本年分の固定資産税として3月から12月までの10カ月分の納税義務を負う。

2）固定資産税の納期は、原則として、4月、7月、12月および翌年の2月の年4回である。

3）都市計画税の納期は、原則として、固定資産税の納期と同じである。

4）固定資産税の標準税率は1,000分の14である。

《問2》Yさんの取得した土地（500m^2）の来年度以降の固定資産税の課税標準に関する次の記述のうち、最も適切なものはどれか（土地の負担調整措置は考慮しないものとする）。

1）取得した土地500m^{2}の全部が小規模住宅用地とされるから、課税標準は1,600万円である。

2）取得した土地のうち、300m^{2}が居宅の敷地であるから300m^{2}について小規模住宅用地とされるので、課税標準は4,800万円である。

3）取得した土地のうち200m^{2}についてのみ小規模住宅用地とされるので、課税標準は6,400万円である。

4）取得した土地の居宅部分300m²のうち200m²については小規模住宅用地、100m²については一般の住宅用地とされるので、課税標準は5,120万円である。

《問3》　Ｙさんの新築した住宅（木造）が、固定資産税の減額対象住宅とされるための要件として、誤っているものはいくつあるか。なお、長期優良住宅に関する部分については考慮不要である。
　①　床面積（併用住宅は居住用部分の面積）が50m²（一戸建以外の貸家住宅にあっては40m²）以上280m²以下であること。
　②　居住部分の床面積が総床面積の２分の１以上であること。
　③　2026年３月31日までに新築された専用住宅または併用住宅であること。
　1）　1つ
　2）　2つ
　3）　3つ
　4）　なし

・ 解説と解答 ・

《問1》
　固定資産税は、毎年１月１日現在において固定資産課税台帳に登録されている土地建物等および償却資産課税台帳に登録されている償却資産について、その固定資産等所在の市町村が所有者に対して課す税金である。
　また、都市計画税は、市町村が、都市計画区域内のうち市街化区域内に所在する土地または家屋の所有者に対し課す税金である。
　固定資産税・都市計画税の納期は、原則として４月、７月、12月および翌年の２月と定められており、固定資産税の標準税率は1.4％、都市計画税の制限税率は0.3％となっている。したがって、１）が不適切である。
　また、２）、３）、４）は適切である。

　　　　　　　　　　　　　　　　　　　　　　　　　　　　正解　1）

《問2》
　住宅用地については、課税標準について次の特例が認められている。
①　一般の住宅用地（②以外の住宅用地）
　固定資産課税台帳に登録された価格の３分の１となる。対象となる住宅用地

は、もっぱら人の居住用家屋の敷地で、その土地が家屋の床面積の10倍を超える場合は、10倍までが対象となる。

②　小規模住宅用地（住宅 1 戸につき 200m^2 までの部分の住宅用地）

評価額の 6 分の 1 となる。

これにより、500m^2 のうち 200m^2 の店舗部分については19万2,000円（ 1 m^2 当りの価格）×200m^2 ＝3,840万円、住宅用地 300m^2 のうち200m^2 については19万2,000円×200m^2 ×$\dfrac{1}{6}$ ＝640万円、残る 100m^2 については19万2,000円×100m^2 ×$\dfrac{1}{3}$ ＝640万円、合計5,120万円となる。

したがって正解は、 4 ）である。

正解　 4 ）

《問 3 》

2026年 3 月31日までに新築された住宅で次の要件に該当するものは、新たに固定資産税が課税されることとなった年度から 3 年度分（中高層耐火建築物は 5 年度分）に限り 120m^2 までの税額が 2 分の 1 減額される。

①　床面積（併用住宅は居住用部分の面積）が50m^2 （一戸建以外の貸家住宅にあっては 40m^2 ）以上 280m^2 以下であること。

②　居住部分の床面積が総床面積の 2 分の 1 以上であること。

③　2026年 3 月31日までに新築された専用住宅または併用住宅であること。

したがって、誤っているものはなく正解は 4 ）である。

正解　 4 ）

6-22　固定資産の交換特例

《設例》Sさんは、2024年10月に賃借中の借地権およびその上の建物（いずれも20年以上の間、土地を賃借し建物を所有しており、店舗として使用）を譲渡資産として、地主である法人A社が保有する土地・建物（5年前に取得しA社事務所およびその敷地として使用）を取得資産とする交換を行った。この交換の概要は以下のとおりである。この交換について、Sさんは所得税における固定資産を交換した場合の課税の特例を適用して、課税の繰延べをしたいと考えている。なお、Sさんは取得後の建物を店舗として使用する。これに基づいて以下の各問に答えなさい。

〈交換譲渡資産の価額〉　　　〈交換取得資産の価額〉

借地権　　1億5,000万円　　土　地　　1億2,000万円
建　物　　　1,000万円　　建　物　　　1,000万円

　借地権、土地、建物の価額はいずれも交換時の時価である。また、交換譲渡資産の取得費は、借地権は不明、建物は減価償却費相当額控除後で800万円である。なお、SさんはA社から交換差金3,000万円を受け取った。

《問1》Sさんのケースで、固定資産を交換した場合の課税の特例の適用に関する次の記述のうち、最も適切なものはどれか。

1）交換差金は、取得した現金と建物の合計4,000万円であり、譲渡資産1億6,000万円の25％相当額に当たるので、交換の特例は適用できない。

2）交換差金は、現金3,000万円のみであるから、特例の適用を受けられ、交換差金を含めこの交換に伴う譲渡所得税は課されない。

3）交換差金は、交換時の譲渡資産と取得資産のいずれか高いほうの価額の20％以内であることが特例の適用要件の1つであるが、これは受け取った者の場合のことで、支払った者の場合には20％を超えても特例の適用が受けられる。

4）交換差金を受け取った場合、それが交換譲渡資産と取得資産のいずれかの高いほうの価額の20％以内であれば特例の適用は受けられるが、交換差金には、土地・建物等の譲渡に係る所得税が課される。

《問２》固定資産の交換の特例の適用を受けた場合、Ｓさんの税額を求めなさい。なお、譲渡費用は要しなかったものとして計算すること。なお、所得控除、その他の条件は考慮しないものとする。

・解説と解答・

《問１》

1) 不適切である。設例のケースでは、建物と建物の交換は等価なので、特例は適用できる。借地権と土地の交換について差金3,000万円を受け取ったこととされるので、差金は、「$\dfrac{3,000千円}{1億5,000万円}=20\%$」となり適用要件の1つを満たしている。

2) 不適切である。交換の適用要件を満たしたとしても、交換差金3,000万円については譲渡所得税が課されるので、不適切である。

3) 不適切である。20％を超える交換差金を支払った場合、交換した双方ともこの交換特例の適用は受けられない。

4) 適切である。解説2)参照。

正解　4)

《問２》

建物：1,000万円－1,000万円＝0

土地：1億5,000万円－1億2,000万円＝3,000万円

差額3,000万円を現金で取得したので、

　　3,000万円≦1億5,000万円×20％

したがって、固定資産の交換の特例の適用が受けられる。

　（概算取得費）
　1億5,000万円×5％×$\dfrac{3,000万円}{3,000万円＋1億2,000万円}=150万円$

　3,000万円－150万円＝2,850万円

　2,850万円×15.315％≒436万4,700円（百円未満切捨）

　2,850万円×5％＝142万5,000円

税額合計：436万4,700円＋142万5,000円＝578万9,700円

答　578万9,700円

6−23　配偶者控除と生前贈与

《設例》Aさんは、2024年12月に死亡した。相続人は妻B, 長女Cおよび二女Dの3人で、いずれもAさんの相続により財産を取得している。また、各相続人は、Aさんから生前贈与により次の財産を取得していた。なお、Aさんの相続開始時までに、Aさん以外の人から贈与を受けた財産はない。

(1)　妻Bが生前贈与を受けた財産

2022年8月	居住用家屋およびその敷地の共有持分各10分の1 ・共有持分に係る贈与時の相続税評価額　　　：2,500万円 ・共有持分に係る相続開始時の相続税評価額：2,600万円 ※贈与税の配偶者控除について、その控除限度額までの控除の適用を受け、53万円の贈与税を納付した。 ※Aさんの相続開始時まで、この居住用家屋にはAさんと妻Bが居住していた。
2023年1月	現金200万円（贈与税9万円納付）

(2)　長女Cが生前贈与を受けた財産

2021年5月	リゾートマンション1戸 ・贈与時の相続税評価額　　　：1,500万円 ・相続開始時の相続税評価額：1,800万円 ※この贈与について、初めて相続時精算課税制度の適用を受けたため、贈与税は納付していない。
2022年3月	現金150万円

(3)　二女Dが生前贈与を受けた財産

2023年9月	現金100万円（贈与税額なし）
2024年5月	上場株式2,000株 ・贈与時の相続税評価額　　　：300万円 ・相続開始時の相続税評価額：350万円 ※現金および上場株式のいずれの贈与についても、相

続時精算課税制度の適用を受けていない。

※上記以外の条件は考慮せず、各問に従うこと。なお、Aさんおよびその親族は日本国籍で、かつ日本国内に住所を有し、財産はすべて日本国内にあるものとする。

《問1》妻BがAさんから生前贈与を受けた居住用不動産の価額のうち妻Bの相続税の課税価格に加算される金額は、次のうちどれか。

1）2,500万円
2）2,500万円−2,000万円＝500万円
3）2,500万円−（2,000万円＋110万円）＝390万円
4）2,600万円−2,000万円＝600万円

《問2》長女Cおよび二女DがAさんから生前贈与を受けた財産と相続税の課税価格との関係に関する次の記述のうち、最も適切なものはどれか。

1）長女Cの生前贈与財産のうち、リゾートマンションについては、相続開始前3年以内の贈与財産ではないので、長女Cの相続税の課税価格に加算されない。
2）仮に長女CがAさんの相続により財産を取得していないとすれば、長女Cの生前贈与財産については、すべて長女Cの相続税の課税価格に算入されない。
3）二女Dの生前贈与財産のうち現金については、贈与税の基礎控除額以下の贈与であるが、二女Dの相続税の課税価格に加算される。
4）二女Dの生前贈与財産のうち上場株式については、Aさんに係る相続開始年中の贈与なので贈与税の課税対象とならず、この上場株式の相続開始時の相続税評価額350万円が、二女Dの相続税の課税価格に加算される。

《問3》Aさんの相続に係る妻B、長女C、二女Dの相続税の課税価格に加算される生前贈与財産の価額を求めなさい。

・解説と解答・

《問1》

　相続で財産を取得した場合に、その相続に係る被相続人から相続開始前3年以内に贈与された財産については、相続税の課税価格に加算される。

　ただし、贈与時に贈与税の配偶者控除の適用を受けた場合は、適用を受けた配偶者控除額は加算対象から除かれる。贈与税の基礎控除額は除かれない。

　また、加算される財産の価額は、贈与時点の相続税評価額である。

　したがって、1)、3)、4)は不適切であり、2)が適切である。

正解　2)

《問2》

1)　不適切である。相続時精算課税制度の適用を受けた贈与財産は、相続開始前3年以内かどうかに関係なく、相続税の課税価格に算入される。なお、一度相続時精算課税制度の適用を受けると、その贈与者からの贈与はすべてこの制度の適用となる。

2)　不適切である。相続時精算課税制度の適用を受けた贈与財産は、相続で財産を取得したかどうかにかかわらず、相続税の課税価格に算入される。

3)　適切である。暦年課税の対象である贈与については相続開始前3年以内の贈与に該当する場合、相続税の課税価格に加算される。この場合の加算額は贈与財産の価額であって、ここから贈与税の基礎控除額は除かれない。

4)　不適切である。贈与が相続開始年の場合も、加算される価額は贈与財産の贈与時点の相続税評価額であり、相続開始時点の相続税評価額ではない。

正解　3)

《問3》

〔計算過程〕

　　妻B：（2,500万円−2,000万円）+200万円=700万円

　　長女C：1,500万円+150万円=1,650万円

　　二女D：100万円+300万円=400万円

答　妻B　700万円、長女C　1,650万円、二女D　400万円

6 － 24　相続税の総額

《設例》Ａさんは、2024年９月10日に死亡した。Ａさんの親族関係図等
は、以下のとおりである。Ａさんは、1996年にＤさんとＥさんを普
通養子にしている。普通養子Ｅさんには、ＨさんとＩさんの２人の
子がいるが、いずれもＡさんとの養子縁組後に生まれている。普通
養子Ｅさんは、2017年に死亡している。また、Ａさんは、2018年に
長女Ｃさんの子Ｆさんを普通養子にしている。

〈親族関係図〉

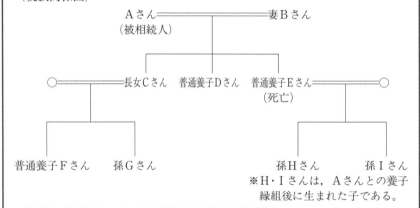

〈相続人が受け取った死亡保険金に関する資料〉

保険の種類	死亡保険金額	契約者 （＝保険料負担者）	被保険者	死亡保険金 受取人
終身保険	2,000万円	Ａさん	Ａさん	妻Ｂさん
終身保険	1,000万円	妻Ｂさん	Ａさん	妻Ｂさん
養老保険	2,000万円	Ａさん	Ａさん	長女Ｃさん
定期保険	1,000万円	Ａさん	Ａさん	孫Ｇさん

※上記以外の条件は考慮せず、各問に従うこと。

《問１》Ａさんの相続に関する次の記述のうち、最も不適切なものはどれ
か。
　１）遺産に係る基礎控除額を計算する場合の法定相続人の数は、６人で

ある。

2）普通養子Dさんあるいは普通養子Fさんの税務上の法定相続分は、
6分の1である。

3）普通養子Eさんは、Aさんの相続開始以前に死亡しているため、孫
Hさんと孫Iさんが普通養子Eさんの代襲相続人となる。

4）普通養子Fさんは、相続税額の2割加算の適用対象者となる。

《問2》妻Bさんが受け取った死亡保険金のうち、Aさんの相続に係る課
税価格に算入される金額は、次のうちどれか。

1）750万円

2）800万円

3）1,000万円

4）1,500万円

《問3》 Aさんに係る相続における課税価格の合計額が1億8,000万円で
あると仮定した場合の相続税の総額を求めなさい。

・解説と解答・

《問1》

1）不適切である。遺産に係る基礎控除額を計算する場合の法定相続人の数の
計算上、養子については制限がある。実子がいる場合、法定相続人の数に
含める養子の数は1人までとなる。ただし、養子を代襲して相続人になっ
た直系卑属は実子とみなされる。つまり、孫Hさんと孫Iさんは、実子と
して取り扱う。

したがって、法定相続人の数は、妻Bさん、長女Cさん、養子Dさん
（あるいは養子Fさん）、孫Hさん、孫Iさんの5人である。

2）適切である。普通養子Dさんあるいは普通養子Fさんの税務上の法定相続
分は、$\frac{1}{2} \times \frac{1}{3} = \frac{1}{6}$である。

3）適切である。養子（Eさん）が養親（Aさん）より先に死亡し、その後養
親（Aさん）の相続が発生した場合、養子縁組後に生まれた養子の子（H
さん、Iさん）は、養子（Eさん）の代襲相続人となる。

4）適切である。養子は一親等の法定血族であるが、代襲相続人でない孫は相

続税額の2割加算の適用対象者となる。

正解　1)

《問2》

　Aさんの相続に係る死亡保険金の非課税金額を計算する際の法定相続人の数は5人（（問1）参照）である。したがって、Aさんの相続に係る死亡保険金の非課税限度額は、500万円×5人＝2,500万円である。これを相続人が取得した保険金の割合で按分する。また、契約者が妻Bさんである終身保険契約から妻Bさんが受け取った死亡保険金は、妻Bさんに係る所得税の課税対象となるため、Aさんの相続に係る課税価格に算入されない。

妻Bさんの課税価格に算入される死亡保険金の金額

$$2{,}000万円 - \left(2{,}500万円 \times \frac{2{,}000万円}{2{,}000万円 + 2{,}000万円}\right) = 750万円$$

正解　1)

《問3》

(1)　課税価格の合計額

　　1億8,000万円

(2)　遺産に係る基礎控除額

　　3,000万円＋600万円×5人＝6,000万円

(3)　課税遺産総額

　　(1)－(2)＝1億2,000万円

(4)　相続税の総額の計算

①　各人の取得価額および算出税額

妻Bさん　：$\left(1億2{,}000万円 \times \frac{1}{2}\right) \times 30\% - 700万円 = 1{,}100万円$

長女Cさん：$\left(1億2{,}000万円 \times \frac{1}{2} \times \frac{1}{3}\right) \times 15\% - 50万円 = 250万円$

養子Dさんあるいは養子Fさん：$\left(1億2{,}000万円 \times \frac{1}{2} \times \frac{1}{3}\right) \times 15\% - 50万$

$$円 = 250万円$$

孫Hさん　：$\left(1億2{,}000万円 \times \frac{1}{2} \times \frac{1}{3} \times \frac{1}{2}\right) \times 10\% = 100万円$

孫Iさん　：$\left(1億2{,}000万円 \times \frac{1}{2} \times \frac{1}{3} \times \frac{1}{2}\right) \times 10\% = 100万円$

②　相続税の総額

　　1,100万円＋250万円×2＋100万円×2＝1,800万円　　答　1,800万円

6－25　贈与税額の計算

《設例》甲さん（18歳）は、2024年1月に次の財産を贈与等により取得した。贈与者および金額等は次のとおりである。これに基づいて、以下の問に答えなさい。

（贈与者等）	（取得物件）	（金　　額）

① 父　　　　　　　現　金　　　　　　200万円
② 叔父　　　　　　現　金　　　　　　2万円
③ 父（Y生命保険）保険金　　　　　500万円（満期保険金受取額）
④ 父　　　　　　　マンション　3,000万円（購入）

上記財産の取得の原因等は、それぞれ次のとおりである。

① 甲さんが大学に合格したので、その入学金に充てるためにもらったもので、その全額を大学に納付している
② 甲さんが大学に合格したので、その祝金としてもらったもの
③ 父親が保険料を支払っていた生命保険の満期保険金の受取人として受け取ったもの
④ 父親が賃貸マンションを通常の取引価額である4,000万円で購入し、その直後に、相続税評価額である3,000万円（著しく低い対価に該当する）を売買価格として、甲さんが父親から購入したもの

《問》　甲さんの2024年分の贈与税額を求めなさい。なお、父親からの贈与について相続時精算課税制度の適用は受けないものとする。

● 解説と解答 ●

(1) 贈与税の課税財産の価額
　　①、②は非課税
　　③　500万円
　　④　4,000万円－3,000万円＝1,000万円
　　したがって、500万円＋1,000万円＝1,500万円
(2) 贈与税額の計算
　　（1,500万円－110万円）×45％－175万円＝450万5,000円

答　450万5,000円

6－26　相続時精算課税制度

《設例》2024年 5 月に68歳になったＡさんは、2023年から2024年にかけ、Ａさんが所有する不動産や株式の一部を、妻 B, 長男 C, 長女Dに贈与した。Ａさんの親族関係や贈与等の内容は下記のとおりである。これに基づいて、以下の各問に答えなさい。

〈親族関係図〉

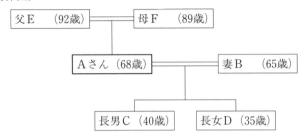

〈贈与の内容〉

⑴　妻Bに対する贈与

　2024年 7 月に、Ａさんと妻Bが住んでいる自宅の敷地の持分20％を贈与した。妻Bはこの自宅の敷地の贈与について贈与税の配偶者控除の適用を受けるつもりである。なお、妻Bは過去に贈与税の配偶者控除の適用を受けたことがない。

　自宅の敷地全体の相続税評価額は、 1 億2,000万円である。

⑵　長男Cに対する贈与

　Ａさんの相続が発生した場合の納税資金を確保させるため、2024年 8 月に、年間1,200万円の収入のある駐車場の敷地の持分50％を贈与した。長男Cはこの贈与について、相続時精算課税制度の適用を受ける予定である（長男Cは過去に相続時精算課税制度の適用を受けたことがない）。

　この駐車場の敷地全体の相続税評価額は、 1 億2,600万円である。

⑶　長女Dに対する贈与

　上場株式を2023年 8 月と2024年 9 月に贈与した。長女Dは2023年に贈与を受けたとき、初めてＡさんからの贈与につき相続時精算課税制度の適用を受けた。

　当該上場株式の贈与時の相続税評価額は、2023年 8 月のときが600万円、2024年 9 月のときが2,000万円である。

〈その他留意事項〉
　　・長男Cは、2024年9月に祖母にあたる母Fから現金200万円の贈与
　　　を受けている。
　　・Aさんおよびその親族は日本国籍でかつ日本国内に住所を有し、財
　　　産はすべて日本国内にある。
　　・上記以外に、妻B、長男C、長女Dが2023年および2024年の2年間
　　　に贈与により取得した財産はない。
　　※上記以外の条件は考慮せず、各問に従うこと。

《問1》相続時精算課税制度に関する次の記述のうち、最も適切なものは
　　　　どれか。
　1）Aさんからの贈与について、長女Dがすでに相続時精算課税制度の
　　　適用を受けているので、長男Cも必ず相続時精算課税制度の適用を
　　　受けなければならない。
　2）将来Aさんの相続が開始したときに長男Cが納付すべき相続税額
　　　が、Aさんからの贈与について長男Cが相続時精算課税制度の適用
　　　を受けて納付した贈与税額を下回る場合でも、その差額相当額は還
　　　付されない。
　3）将来Aさんの相続が開始したときに長男Cがその相続により財産を
　　　取得しない場合であっても、Aさんから長男Cが相続時精算課税制
　　　度の適用を受けて贈与された財産は、相続税の課税対象となる。
　4）仮に、父Eから長男Cに財産の贈与があった場合、その贈与につい
　　　て、長男Cは相続時精算課税制度の適用を受けることができない。

《問2》設例において、妻Bが贈与税の配偶者控除の適用を受けた場合の
　　　　2024年分の贈与税額として、次のうち最も適切なものはどれか。
　1）0円
　2）33万5,000円
　3）43万円
　4）55万円

《問3》長男C、長女Dの2024年分の納付すべき贈与税額を求めなさい。

・解説と解答・

《問 1 》

1 ）不適切である。相続時精算課税制度は、同じ贈与者からの贈与でも受贈者ごとに選択するかどうかを判断する。長女ＤがＡさんからの贈与について同制度の適用を受けていても、長男Ｃが適用を受けるか否かは自由である。

2 ）不適切である。相続税額が同制度の適用を受けて納付した贈与税額を下回るときは、その差額相当額は還付される。

3 ）適切である。相続時精算課税適用者が相続等により財産を取得しなくても、同制度の適用を受けた贈与財産は必ず相続税の課税価格に加算される。

4 ）不適切である。同制度は、60歳以上の親または祖父母から20歳以上の推定相続人である子または孫への贈与が対象となる。

正解　　3 ）

《問 2 》

　（ 1 億2,000万円×20％）－2,000万円－110万円＝290万円

　290万円×15％－10万円＝33万5,000円

正解　　2 ）

《問 3 》

・長男Ｃの贈与税額：

　Ａさんからの贈与（相続時精算課税制度適用）

　　 1 億2,600万円×50％＝6,300万円

　　（6,300万円－110万円－2,500万円）×20％＝738万円

　祖母Ｆからの贈与

　　（200万円－110万円）×10％＝ 9 万円

　合計：738万円＋ 9 万円＝747万円

・長女Ｄの贈与税額：

　Ａさんからの贈与（相続時精算課税制度適用）

　　特別控除額の残額　　2,500万円－600万円＝1,900万円

　　（2,000万円－110万円－1,890万円）＝ 0 円

　　特別控除の残額10万円（2,500万円－600万円－1,890万円）

答　長男Ｃ　747万円　　長女Ｄ　0 円

6 −27 贈与税の配偶者控除

《設例》 Bさんは2024年10月に、現在Bさんとその妻が居住している次の土地・建物の一部を妻に贈与した。なお、2024年中に妻には他の受贈財産はない。これに基づいて、以下の各問に答えなさい。

区　分	総面積	相続税評価額	贈与した持分
土　地	400m^2	8,000万円	$\frac{1}{4}$
建　物	120m^2	1,000万円	$\frac{1}{4}$

（注）相続税評価額は、土地および建物の全体の金額である。
　　　Bさんが土地を取得した日は、1990年11月である。
　　　Bさんが建物を取得した日は、2010年5月である。

《問1》 設例のケースで妻が居住用不動産の贈与を受けた後で、将来この土地・建物を売却するとき、妻の譲渡所得の計算等に関する次の記述のうち、最も適切なものはどれか。

1）贈与を受けた日から譲渡した年の1月1日現在までの期間が5年未満である場合に限って、短期譲渡となる。

2）土地・建物の取得費は贈与を受けたときの相続税評価額（ただし、建物は贈与の日以降の減価償却費相当額を控除した金額）となる。

3）Bさんの場合には、Bさんと妻それぞれが、居住用不動産を譲渡した場合の3,000万円の特別控除の適用を受けることができるので、2人あわせて最高で6,000万円の控除が受けられる。

4）居住用不動産を譲渡した場合の3,000万円特別控除の適用を受けるために、妻が贈与を受けた直後にこの土地・建物を夫の持分とあわせ売却した場合でも、贈与税の配偶者控除の適用は受けられる。

《問2》 妻の2024年中の受贈財産について、贈与税の配偶者控除の適用を受けた場合の納付すべき贈与税額を求めなさい。

・解説と解答・

《問1》

　贈与により取得した財産を譲渡した場合の譲渡所得の計算上においては、贈与した人のその財産の取得日および取得費を受贈者が引き継ぐ。したがって、所有期間は贈与した人がその財産を取得した日を起算日として算定する。また、取得費は、贈与した人の取得費（減価償却費相当額は控除）をもって受贈者の取得費とする。よって1）、2）は不適切である。

　また、4）は贈与税の配偶者控除の適用要件の1つである、「贈与の翌年の3月15日までに居住用財産を受贈者の居住の用に供しており、かつ、その後も引き続き居住の用に供する見込みであること。」を満たしていないため、贈与税の配偶者控除の適用を受けられないので、不適切である。

　したがって、3）が正解である。

正解　3）

《問2》

(1)　受贈財産の価額の合計

　　土地　$8,000万円 \times \dfrac{1}{4} = 2,000万円$

　　建物　$1,000万円 \times \dfrac{1}{4} = 250万円$

　　　$2,000万円 + 250万円 = 2,250万円$

(2)　配偶者控除額

　　$2,250万円 > 2,000万円$　　$\therefore 2,000万円$

(3)　課税価格

　　$2,250万円 - 2,000万円 - 110万円 = 140万円$

(5)　贈与税額

　　$140万円 \times 10\% = 14万円$

答　14万円

6 －28　生命保険金等

《設例》Aさんは、2024年12月20日に死亡した。Aさんの妻Bは2010年に
すでに死亡しており、Aさんの相続人は長女C、二女D、三女E、
長男Fの4人であったが、このうち、長男FはAさんの相続を放棄
したため、Aさんの財産は、長女C、二女D、三女Eが分割取得し
た。また、子4人はいずれもAさんから遺贈により財産を取得して
いない。

Aさんの親族関係図、Aさんの死亡により支払われた生命保険
金、子4人に対する生前贈与は次のとおりである。これに基づい
て、以下の各問に答えなさい。

なお、子4人はAさんからの贈与について相続時精算課税制度の
適用を受けたことはない。また、Aさんおよびその親族は日本国籍
でかつ日本国内に住所を有し、財産はすべて日本国内にある。

〈親族関係図〉

〈Aさんの死亡により支払われた生命保険金〉

契約者	保険料負担者 （負担割合）	被保険者	死亡保険金受取人	死亡保険金受取額
Aさん	Aさん（100%）	Aさん	長女C	800万円
Aさん	Aさん（100%）	Aさん	二女D	1,400万円
Aさん	Aさん（80%） 三女E（20%）	Aさん	三女E	1,250万円
Aさん	Aさん（100%）	Aさん	長男F	1,000万円

〈子4人に対する生前贈与〉
　⑴　長女Cに対する贈与
　　2024年6月20日　　現金：200万円
　⑵　二女Dに対する贈与
　　2023年10月5日　　上場株式：贈与時点の評価額200万円
　　　　　　　　　　　　　　　　（相続開始時点の評価額150万円）
　⑶　三女Eに対する贈与
　　2023年5月10日　　現金：110万円
　⑷　長男Fに対する贈与
　　2022年8月7日　　現金：300万円

※上記以外の条件については考慮せず、各問に従うこと。

《問1》生前贈与と相続税に関する次の記述のうち、最も適切なものはど
　　　れか。
　1）長女Cに対する贈与は、相続が開始した年と同年の贈与であるた
　　　め、相続税の課税価格には加算されない。
　2）二女Dが贈与を受けた上場株式は、相続税の課税価格に加算される
　　　が、その加算される金額は相続開始時点の評価額150万円である。
　3）三女Eが贈与を受けた現金110万円は、贈与税の基礎控除額110万円
　　　以下の贈与であるため、相続税の課税価格に加算されない。
　4）長男Fは相続の放棄をしているが、みなし相続財産である死亡保険
　　　金を受け取っているので、贈与を受けた現金300万円は相続税の課
　　　税価格に算入される。

《問2》Aさんの4人の子が受け取った死亡保険金のうち、Aさんの相続
　　　に係る相続税の課税価格に算入される金額を、長女C,二女D,三
　　　女E,長男Fの各人ごとに求めなさい。

・解説と解答・

《問1》

1）不適切である。相続開始年分の贈与も相続税の課税価格に加算される。

2）不適切である。相続税の課税価格に加算される金額は、贈与時点の評価額200万円である。

3）不適切である。相続開始前3年以内の贈与財産の加算をする場合、贈与税の基礎控除額は考慮されない。

4）適切である。

正解　4）

《問2》

〔計算過程〕

生命保険金の非課税金額：

　500万円×4人（法定相続人の数）※＝2,000万円

　※相続放棄をした長男Fを含んだ4人となる。

受取保険金のうち、相続税の非課税金額の対象となる金額

　長女C受取り分：800万円…①

　二女D受取り分：1,400万円…②

　三女E受取り分：1,250万円×80％＝1,000万円…③

　①＋②＋③＝3,200万円

相続税の課税価格算入額

　[長女C]：$800万円 - 2,000万円 \times \dfrac{800万円}{3,200万円} = 300万円$

　[二女D]：$1,400万円 - 2,000万円 \times \dfrac{1,400万円}{3,200万円} = 525万円$

　[三女E]：$1,000万円 - 2,000万円 \times \dfrac{1,000万円}{3,200万円} = 375万円$

　[長男F]：相続の放棄をしているため非課税の適用はないので、1,000万円

答	長女C	300万円	二女D	525万円
	三女E	375万円	長男F	1,000万円

6 − 29　債務控除

《設例》2024年 3 月に C さんが死亡し、相続が開始した。被相続人 C さん
の親族関係および相続により各相続人が取得した財産は次のとおり
である。なお、債務および葬式費用等は（問 1 ）、（問 2 ）に記載の
とおりの各相続人が負担した。また、被相続人および相続人の住所
は全員日本国内にある。これに基づいて以下の各問に答えなさい。

① 親族関係

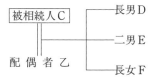

② 相続により取得した財産

配偶者乙	長　男 D	二　男 E	長　女 F
6,500万円	2,500万円	2,400万円	3,000万円

③ このほか各相続人は、みなし相続財産とされる生命保険金を次の
とおり取得している。
乙：3,000万円、D：2,000万円、E：2,000万円、F：1,000万円

《問 1 》次のうち、相続税の課税価格の計算上、債務控除の対象とならな
いものはどれか。
1 ）被相続人の2024年分の未払固定資産税　25万円（相続人乙が負担）
2 ）被相続人の2024年分の未払住民税　15万円（相続人乙が負担）
3 ）被相続人の2024年分の準確定申告による所得税　40万円（相続人 D
が負担）
4 ）弁護士に支払った遺言執行費用　200万円（各相続人が均分して負
担）

《問 2 》次のうち、相続税の課税価格の計算上、葬式費用として債務控除
の対象とならないものはどれか。
1 ）通夜の費用　　　　　　　　40万円（相続人乙が負担）
2 ）告別式の費用　　　　　　　300万円（相続人 D が負担）

　３）初七日法会の費用　　　　80万円（各相続人が均分して負担）
　４）葬式の際の寺への布施　　150万円（相続人乙、Ｄ、Ｅで均分して負担）

《問３》各相続人の相続税の課税価格を求めなさい。

・解説と解答・

《問１》

　相続人のうち、日本国内に住所を有する居住無制限納税義務者の債務控除の対象とされる債務についてのポイントは、次の２点である。

　①　被相続人の債務であること
　②　相続開始の際に現に存するものであること

　したがって、相続開始後に発生する遺言執行費用は債務控除できない。よって、４）が正解である。

　公租公課は被相続人の死亡の際、債務の確定している金額のほか、地方税については、その賦課期日において納税義務が確定しているものとされる。

正解　　４）

《問２》

　債務控除の対象とされる葬式費用には、以下のものが認められている。

　①　葬式・葬送に要した費用
　②　葬式に際し施与した金品で相当程度の費用
　③　葬式の前後に要した出費で通常葬式に伴うもの
　④　死体捜索、死体・遺骨運搬費用

　したがって、香典返戻費用、墓地・墓碑の買入費用、法会に要する費用等は葬式費用として債務控除することはできない。よって、３）が正解である。

正解　　３）

《問３》

	配偶者乙	長男Ｄ	二男Ｅ	長女Ｆ　（単位：万円）
取得財産	6,500	2,500	2,400	3,000
生命保険金	3,000	2,000	2,000	1,000
△非課税金額※	△750	△500	△500	△250
債務控除				
△債　務	△40	△40	－	－

△葬式費用	△90	△350	△50	—
課税価格	8,620	3,610	3,850	3,750

※生命保険金の非課税限度額　500万円×4人＝2,000万円

各人の非課税額

乙：$2,000万円 \times \dfrac{3,000万円}{8,000万円} = 750万円$

D、E 各：$2,000万円 \times \dfrac{2,000万円}{8,000万円} = 500万円$

F：$2,000万円 \times \dfrac{1,000万円}{8,000万円} = 250万円$

答	配偶者乙	8,620万円
	長男D	3,610万円
	二男E	3,850万円
	長女F	3,750万円

6 −30　退職手当金と弔慰金

《設例》Hさんは、2024年10月に病死した。その後、Hさんの遺族は、H
　　　さんが社長をしていた乙社から、次のとおり死亡退職金等を受け取
　　　った。これに基づいて以下の各問に答えなさい。

　(ｱ)　乙社から受け取った死亡退職金等

　　　（支給内容）　　（受給金額）　　（受給者）
　　　死亡退職金　　　4,000万円　　　妻Y
　　　特別功労金　　　　800万円　　　妻Y
　　　弔　慰　金　　　　800万円　　　長男A

　(ｲ)　被相続人Hさんの相続人は、妻Y、長男A、長女B、二女Cの4
　　　人であるが、このうち二女Cは相続放棄の手続を行った。

　(ｳ)　Hさんの死因は、乙社における業務と直接の因果関係はない。な
　　　お、Hさんは、死亡直前において月額100万円の役員給与を受給し
　　　ていた。

　(ｴ)　死亡退職金および特別功労金は、乙社の役員退職金規定に基づ
　　　き、決定支給されたものである。

《問1》この設問のケースで、相続税額の計算上、退職手当金等の非課税
　　　限度額として、次のうち最も適切なものはどれか。
　1)　500万円
　2)　1,000万円
　3)　1,500万円
　4)　2,000万円

《問2》死亡退職金等のうち、各相続人の相続税の課税価格に算入される
　　　金額を求めなさい。

● 解説と解答 ●

《問1》

　退職手当金等の非課税限度額の計算は、次の算式による。

　　500万円×法定相続人の数＝非課税限度額

　この法定相続人の数は、遺産に係る基礎控除の額を計算する場合の相続人の

数と同じで、相続の放棄があっても、放棄がなかったものとして計算する。

本設例では、相続人は妻Y、長男A、長女B、二女Cの4人であるため、非課税限度額は、

500万円×4人＝2,000万円

正解　4）

《問2》

① 弔慰金の判定

退職手当金等とされる金額

800万円－（100万円×6カ月）＝200万円

② 課税対象となる退職手当金等の金額

妻　Y：4,000万円＋800万円＝4,800万円

長男A：200万円（①の計算による）

③ 非課税限度額　　2,000万円

④ 各人の非課税金額

妻　Y：$2,000万円 × \dfrac{4,800万円}{4,800万円 + 200万円} = 1,920万円$

長男A：$2,000万円 × \dfrac{200万円}{4,800万円 + 200万円} = 80万円$

⑤ 課税価格に算入される金額

妻　Y：4,800万円－1,920万円＝2,880万円

長男A：200万円－80万円＝120万円

答　妻　Y　2,880万円

　　　長男A　　120万円

6－31　相続税の取得費加算

《設例》Nさんは、2024年10月に父親が死亡し、下記の財産を相続により
　　　取得した。この相続によりNさんに課された相続税額は、5,500万
　　　円であった。Nさんが取得した財産のうち、貸し駐車場用土地につ
　　　いては、2024年12月に１億円で譲渡契約を締結し、翌年１月に買主
　　　に引き渡した。なお、譲渡費用に300万円を要した。これに基づい
　　　て、以下の問に答えなさい。

〈Nさんが相続により取得した財産（相続税評価額）〉

イ．金融資産（預金・株式等）	7,000万円
ロ．自宅　土地	3,000万円
ハ．自宅　建物	1,000万円
ニ．アパート　敷地（借地権）	4,000万円
ホ．アパート　建物	3,500万円
ヘ．貸し駐車場用土地（今回譲渡分）	9,000万円
ト．その他の財産（土地等を含まず）	2,500万円
合　　計	3億円

※貸し駐車場用地は、父親が1980年代に取得したものであるが、取得費
　は不明である。

《問》設例の貸し駐車場の譲渡について、譲渡所得の金額および所得税・
　　　住民税の税額を求めなさい（復興特別所得税は考慮しない）。なお、
　　　所得控除等、その他の条件以外はいっさい考慮せず、また、父親に
　　　係る相続税の納付について物納はしていない。

解説と解答

本来の取得費
　　１億円×５％＝500万円（概算取得費）
相続税額の取得費加算

$$5,500万円 \times \frac{9,000万円}{3億円} = 1,650万円$$

（相続税額）

課税長期譲渡所得の金額

$$1億円 - (500万円 + 1,650万円) - 300万円 = 7,550万円$$

（本来の取得費）（相続税の取得費加算額）（譲渡費用）

所得税額

$$7,550万円 \times 15\% = 1,132万5,000円$$

住民税額

$$7,550万円 \times 5\% = 377万5,000円$$

答	所得税額	1,132万5,000円
	住民税額	377万5,000円

6－32 相続税の2割加算と相続税の総額の計算

《設例》Aさんは、2024年9月に死亡した。Aさんの親族関係図は、次の
とおりである。Aさんは、50年前に離婚した先妻との間に子Cがい
るが、Cは相続の放棄をしている。妻Bとの間にはDとEの2人の
子がいるが、Eは5年前に死亡している。D（相続開始時点の年齢
は48歳10カ月）は一般障害者に該当する。また、Aさんは2年前
に、Cの子である孫FとDの子である孫Hと養子縁組（普通養子）
をしている。

　なお、Aさんおよび親族全員は日本国籍で、かつ日本国内に住所
を有し、相続財産はすべて日本国内にある。

〈親族関係図〉

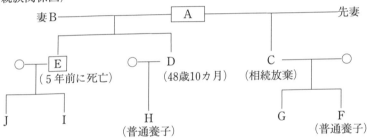

〈各相続人等の相続税の課税価格〉

妻B	1億1,100万円
D	6,200万円
F	3,100万円
G	620万円（遺贈により取得）
H	2,480万円
I	1,550万円
J	1,550万円
計	2億6,600万円

これに基づいて、以下の各問に答えなさい。

《問1》相続税額の2割加算に関する次の記述のうち、最も適切なものは
どれか。

1）相続を放棄したCが、遺贈により財産を取得した場合は相続税額の
　　2割加算の適用対象となる。
2）養子Fは一親等の血族なので、相続税額の2割加算の適用対象者と
　　ならない。
3）遺贈により財産を取得した孫Gは、直系卑属なので相続税額の2割
　　加算の対象者とならない。
4）孫IとJは、一親等の血族ではないが、一親等の血族であるEの代
　　襲相続人なので、相続税額の2割加算の対象者とならない。

《問2》　Aさんの相続に係る相続税の総額を求めなさい。

・解説と解答・

《問1》
1）不適切である。Cが相続を放棄し、遺贈により財産を取得した場合であっ
　　ても、Cは一親等の血族であるから、相続税額の2割加算の適用はない。
2）不適切である。Fは、養子で一親等の血族ではあるが、孫養子なので2割
　　加算の適用がある。
3）不適切である。孫Gは、2親等の血族なので2割加算の適用がある。
4）適切である。

<u>正解　4）</u>

《問2》
(1)　課税価格の合計額
　　　2億6,600万円
(2)　遺産に係る基礎控除額
　　　3,000万円＋600万円×6人（※）＝6,600万円
　　　（※）　6人は、B、C、D、I、JおよびFHのうちの1人
(3)　課税遺産総額
　　　(1)－(2)＝2億円
(4)　相続税の総額の計算
　　　①　各人の取得価額
　　　　妻B　　2億円×$\frac{1}{2}$＝1億円

C 　　2億円 $\times \dfrac{1}{2} \times \dfrac{1}{4} = 2,500$万円

D 　　2億円 $\times \dfrac{1}{2} \times \dfrac{1}{4} = 2,500$万円

FまたはH 　　2億円 $\times \dfrac{1}{2} \times \dfrac{1}{4} = 2,500$万円

I 　　2億円 $\times \dfrac{1}{2} \times \dfrac{1}{4} \times \dfrac{1}{2} = 1,250$万円

J 　　2億円 $\times \dfrac{1}{2} \times \dfrac{1}{4} \times \dfrac{1}{2} = 1,250$万円

② 　各人の取得価額に応ずる税額

　妻B 　1億円 $\times 30\% - 700$万円 $= 2,300$万円

　C 　　2,500万円 $\times 15\% - 50$万円 $= 325$万円

　D 　　2,500万円 $\times 15\% - 50$万円 $= 325$万円

　FまたはH 　　2,500万円 $\times 15\% - 50$万円 $= 325$万円

　I 　　1,250万円 $\times 15\% - 50$万円 $= 137$万5,000円

　J 　　1,250万円 $\times 15\% - 50$万円 $= 137$万5,000円

③ 　相続税の総額

　2,300万円 $+ 325$万円 $\times 3 + 137$万5,000円 $\times 2 = 3,550$万円

答　3,550万円

6－33　配偶者に対する相続税額の軽減

《設例》2024年10月に死亡したAさんの相続人は、配偶者B、長女C、普通養子Dの3人である。相続財産を相続人の協議により分割した結果、各人の相続税の課税価格は下記〈資料〉のとおりとなった。なお、Aさんおよびその親族は日本国籍で、かつ日本国内に住所を有し、その財産はすべて日本国内に所在する。

〈資料〉

相続人	相続財産（①）	債務等の金額（②）	課税価格 （③＝①－②）
B	3億3,200万円	9,200万円	2億4,000万円
C	8,400万円	400万円	8,000万円
D	8,400万円	400万円	8,000万円
計	5億円	1億円	4億円

※上記以外の条件は考慮せず、各問に従うこと。

《問1》設例における各相続人の法定相続分として、最も適切なものは次のうちどれか。
1）B＝3分の1、C＝3分の1、D＝3分の1
2）B＝2分の1、C＝4分の1、D＝4分の1
3）B＝2分の1、C＝3分の1、D＝6分の1
4）B＝3分の2、C＝6分の1、D＝6分の1

《問2》設例においては、相続税の総額は9,220万円となる。配偶者Bが配偶者に対する相続税額の軽減の適用を受けた場合の、税額軽減の額を求めなさい。

176

・解説と解答・

《問1》

　相続人が子と配偶者である場合の法定相続分は、配偶者2分の1、子2分の1であり、子が複数のときはその2分の1を均等に按分することになる。なお、実子と養子の相続分は同一である。したがって、設例の場合は、配偶者Bが2分の1、子C・Dがそれぞれ4分の1となる。

正解　2）

《問2》

・課税価格の合計額　　　　4億円
・相続税の総額　　　　　9,220万円
・配偶者の税額軽減額
　　㋑　課税価格の合計額×法定相続分＝4億円×1／2＝2億円
　　　　2億円＞1億6,000万円　→　2億円
　　㋺　配偶者の取得財産の課税価格＝2億4,000万円
　　㋑＜㋺　∴2億円
　　軽減額＝9,220万円×2億円／4億円＝4,610万円

答　4,610万円

（参考）

(1)　相続税の総額
・課税価格の合計額：4億円
・課税遺産総額＝課税価格の合計額－遺産に係る基礎控除額
　　　　　　　＝4億円－（3,000万円＋600万円×3）＝3億5,200万円
・各相続人の法定相続分に応ずる取得金額：
　　B　　　　3億5,200万円×1／2＝1億7,600万円
　　CとD　　3億5,200万円×1／2×1／2＝8,800万円
・相続税の総額：
　　B　　　　1億7,600万円×40％－1,700万円＝5,340万円
　　CとD　　　8,800万円×30％－700万円＝1,940万円
　　相続税の総額：5,340万円＋1,940万円＋1,940万円＝9,220万円
(2)　各人の算出税額
　B　　　9,220万円×2億4,000万円／4億円＝5,532万円
　CとD　9,220万円×8,000万円／4億円＝1,844万円

6 −34　小規模宅地等の評価減の特例(1)

《設例》Aさんは、2024年 5 月31日に死亡した。Aさんは、下記〈資料〉
　　　　にある 2 階建ての建物（自宅兼賃貸用住居）とその敷地（宅地）を
　　　　所有していた。
　　　　　Aさんの相続人は、妻Bおよび長男Cの 2 人である。なお、長男
　　　　Cは、 6 年前に結婚してから現在に至るまで自己の所有するマンシ
　　　　ョンに居住しており、Aさんとは生計を別にしている。

〈資料〉
(1)　 1 階部分は、 5 年前より住居として第三者に賃貸していたが、Aさ
　　んの死亡後も相続税の申告期限まで引き続き賃貸中である。なお、
　　その貸付規模は事業的規模ではない。
(2)　 2 階部分は、Aさんおよび妻Bの居住用となっており、Aさん死亡
　　後は妻Bが居住している。

```
┌─────────────┐
│ 2 F         │
│   居住用     │
├─────────────┤
│ 1 F         │
│   賃貸用     │
├──────────────┐
│ 敷地         │
│   居住用部分  165m²
│   賃貸用部分  165m²
│   合計      330m²
└──────────────┘
```

・敷地（宅地）の 1 m²当りの自用地としての相続税評価額　40万円
・借地権割合　70％
・借家権割合　30％
・ 1 階の賃貸割合　100％

※上記以外の条件は考慮せず、各問に従うこと。

《問 1 》設例における「小規模宅地等についての相続税の課税価格の計算
　　　　の特例」（以下、「本特例」という）の適用等に関する次の記述のう
　　　　ち、最も不適切なものはどれか。

1）妻Bが建物（自宅兼賃貸用住居）とその敷地（宅地）の全部を相続により取得した場合、その敷地の全部が特定居住用宅地等に該当するものとして、本特例の適用を受けることができる。

2）妻Bが建物（自宅兼賃貸用住居）とその敷地（宅地）の全部を相続により取得した場合、相続税の申告期限までに建物とその敷地の全部を売却したときであっても、居住用部分に対応する敷地については、特定居住用宅地等として本特例の適用を受けることができる。

3）長男Cが建物（自宅兼賃貸用住居）とその敷地（宅地）の全部を相続により取得した場合、居住用部分に対応する敷地については本特例の適用を受けることができない。

4）長男Cが建物（自宅兼賃貸用住居）とその敷地（宅地）の全部を相続により取得した場合、賃貸用部分に対応する敷地については、相続税の申告期限まで賃貸事業を継続し、保有することを要件に、貸付事業用宅地等として本特例の適用を受けることができる。

《問2》設例において、賃貸用部分に対応する敷地（宅地）の貸家建付地としての相続税評価額は、次のうちどれか。なお、求める評価額は、「小規模宅地等についての相続税の課税価格の計算の特例」の適用前の価額とする。

1）4,200万円

2）4,620万円

3）5,214万円

4）6,600万円

《問3》設例において、妻Bが建物（自宅兼賃貸用住居）とその敷地（宅地）の全部を相続により取得し、「小規模宅地等についての相続税の課税価格の計算の特例」（以下、「本特例」という）の適用を受けた場合において、妻Bの相続税の課税価格に算入すべき当該敷地（宅地）の価額（本特例適用後の価額）を求めなさい。なお、本特例の適用にあたっては、妻Bにとって最も有利となるように計算すること。

● 解説と解答 ●

《問1》

1) 不適切である。妻Bが取得した敷地のうち、居住用部分（165m²）は特定居住用宅地等に該当し、最大330m²まで80％評価減の対象となる。1棟の建物の敷地の一部が特定居住用宅地等に該当する場合には、利用区分ごとに適用要件を判定する。したがって、敷地のうち賃貸用部分（165m²）は、相続税の申告期限まで賃貸事業を継続することを要件に、貸付事業用宅地等に該当し、最大200m²まで50％評価減の対象となる。なお、それぞれの宅地につき最大面積まで評価減の適用ができるわけではなく、一定の面積調整が必要となる。

2) 適切である。被相続人の配偶者が取得した居住用宅地等については、居住を継続しない場合や売却した場合でも、無条件で特定居住用宅地等に該当する。

3) 適切である。長男Cが取得した敷地のうち、居住用部分（165m²）は適用要件を満たさないため評価減の適用は受けられない。

4) 適切である。賃貸用部分（165m²）は、相続税の申告期限まで賃貸事業を継続し、保有することを要件に、貸付事業用宅地等に該当し、50％評価減の対象となる。

<u>正解　1）</u>

《問2》

　賃貸用部分に対応する敷地（宅地）の貸家建付地としての相続税評価額
　貸家建付地の評価額
　　＝自用地価額×（1－借地権割合×借家権割合×賃貸割合）
　40万円×165m²×（1－70％×30％×100％）＝5,214万円

<u>正解　3）</u>

《問3》

(1)　敷地の相続税評価額（本特例適用前）
　①　居住用部分（自用地評価額）
　　40万円×165m²＝6,600万円
　②　賃貸用部分（貸家建付地評価額）
　　40万円×165m²×（1－70％×30％×100％）＝5,214万円
　　　①＋②＝1億1,814万円
(2)　本特例による評価減の額

・居住用部分（特定居住用宅地等に該当）のほうが、m^2 単価、最大適用面積、減額割合のいずれも高いため評価減を優先して適用し、賃貸用部分（貸付事業用宅地等に該当）については、面積調整後の残面積について評価減を適用する。

① 居住用部分

$$6,600万円 \times \frac{165m^2}{165m^2} \times 80\% = 5,280万円$$

② 賃貸用部分

居住用部分の適用面積$165m^2 \times \frac{200m^2}{330m^2}$＋賃貸用部分の適用面積（X）

$\leq 200m^2$　　X $\leq 100m^2$

$$5,214万円 \times \frac{100m^2}{165m^2} \times 50\% = 1,580万円$$

①＋②＝6,860万円

(3) 本特例適用後の評価額

(1)－(2)＝1億1,814万円－6,860万円＝4,954万円

<u>答　4,954万円</u>

6-35 小規模宅地等の評価減の特例(2)

《設例》Aさんは、自宅である甲宅地・甲建物および5年前より賃貸の用
に供している乙宅地・乙建物を所有していたが、2024年7月15日に
死亡した。

Aさんの相続人は、Aさんの妻B、長男C、二男Dの3人であ
る。Aさんの死亡当時、妻Bは、Aさんと甲建物に同居していた。
長男Cは、8年前から自己の所有するマンションに居住しており、
Aさんとは生計を別にしていた。また、二男Dは、Aさん・妻Bと
同居していた。

〈居住用の甲宅地・甲建物〉

甲建物
・Aさんと妻B、二男D
が居住

甲宅地
・面積：198m²
・1m²当り相続税評価額
（自用地価額）：50万円

〈賃貸用の乙宅地・乙建物〉

乙建物
・アパート
（賃借人が居住）

乙宅地
・面積：320m²
・1m²当り相続税評価額
（自用地価額）：40万円
・借地権割合：60%
・借家権割合：30%
・賃貸割合：100%

※Aさんおよびその家族は、日本国籍でかつ日本国内に住所を有し、また、その財産はすべて日本国内にある。

《問1》「小規模宅地等についての相続税の課税価格の計算の特例」（以下、「本特例」という）の適用等に関する次の記述のうち、最も不適切なものはどれか。

1）妻Bが甲宅地・甲建物の全部を相続により取得し、相続税の申告期限までに甲宅地・甲建物の全部を売却した場合、特定居住用宅地等として本特例の適用を受けることができる。

2）長男Cが甲宅地・甲建物の全部を相続により取得した場合、相続税の申告期限までそれを所有して居住していれば、特定居住用宅地等として本特例の適用を受けることができる。

3）二男Dが甲宅地・甲建物の全部を相続により取得した場合、相続税の申告期限までそれを所有して居住していれば、特定居住用宅地等として本特例の適用を受けることができる。

4）二男Dが乙宅地・乙建物の全部を相続により取得した場合、相続税の申告期限までそれを所有し貸付事業を継続していれば、貸付事業用宅地等として本特例の適用を受けることができる。

《問2》設例において、妻Bが甲宅地・甲建物と乙宅地・乙建物の全部を相続により取得し、「小規模宅地等についての相続税の課税価格の計算の特例」（以下、「本特例」という）の適用を受けた場合において、妻Bの相続税の課税価格に算入すべき甲宅地と乙宅地の価額（いずれも本特例適用後の価額）を、それぞれ求めなさい。なお、乙宅地・乙建物については妻Bが相続税の申告期限まで貸付事業を継続して保有するものとし、また、本特例は、甲宅地から優先的に適用し、妻Bにとって最も有利となるように計算すること。

〈参考〉

$$\text{特定居住用宅地等の面積} \times \frac{200}{330} + \text{特定事業用宅地等の面積} \times \frac{200}{400} + \text{貸付事業用宅地等の面積} \leq 200\text{m}^2$$

● 解説と解答 ●

《問1》

1）適切である。被相続人の配偶者が取得した居住用宅地等は、居住を継続しない場合や売却した場合でも、特定居住用宅地等に該当する。

2）不適切である。長男Cは、被相続人の同居親族ではなく、Aさんの妻Bがいるため、甲宅地・甲建物の全部を相続により取得した場合でも、特定居住用宅地等として本特例の適用を受けることはできない。

3）適切である。二男Dは、被相続人の同居親族であるので、甲宅地・甲建物の全部を相続により取得し、相続税の申告期限までそれを所有し居住していれば、特定居住用宅地等として本特例の適用を受けることができる。

4）適切である。不動産貸付用の宅地は、取得者が被相続人の配偶者であるかどうかにかかわりなく、相続税の申告期限まで貸付事業を継続し保有することを要件として貸付事業用宅地等に該当するものとされている。

<u>正解　2）</u>

《問2》

・甲宅地の価額

　甲宅地は、妻Bが相続すれば特定居住用宅地等に該当する。

　甲宅地198m²＜330m² なので、198m² 全部が減額対象となる。

　自用地価額：50万円×198m²＝9,900万円

　減額される金額：9,900万円×80％＝7,920万円

　減額後の価額：9,900万円－7,920万円＝1,980万円

・乙宅地の価額

　乙宅地は、貸付事業用宅地等に該当する。

　乙宅地の減額対象となる面積をXとすると、

　　198m²×（200／330）＋ X≦200m²　　　∴X≦80m²

　貸家建付地価額：40万円×320m²×（1－0.6×0.3×1.0）＝1億496万円

　減額される金額：1億496万円×（80m²／320m²）×50％＝1,312万円

　減額後の金額：1億496万円－1,312万円＝9,184万円

答　甲宅地 1,980万円　　乙宅地 9,184万円

6-36 取引相場のない株式の評価

《設例》甲株式会社（以下、「甲社」という）の社長であるＡさんは、その所有している自社株の相続対策を検討している。甲社の現時点（2024年9月30日）での株主構成、直前期末（2024年3月31日）現在の貸借対照表（要約）等は、次のとおりである。

〈資料〉

(1) 甲社株式等

① 甲社は非上場会社で、資本金は5,000万円である。発行済株式総数は100万株であり、その株式はすべて普通株式で、各株主の有する議決権数はすべて１株につき１つである。

② 相続税における株価評価上、甲社株式は、「取引相場のない株式」であり、甲社の会社規模は「中会社の小」に該当し、甲社は土地保有特定会社等の特定評価会社には該当しない。

(2) 現時点の株主構成

株　　主	甲社での役職	所有株式数
Ａさん	社長（代表取締役）	30万株
Ａさんの長男	専務取締役	15万株
Ａさんの二男	―	6万株
Ｂさん	常務取締役	15万株
Ｂさんの長男	―	6万株
その他株主	―	28万株
合　　計		100万株

注１：Ｂさん一族および「その他株主」は、いずれもＡさん一族とは親族関係にない。また、「その他株主」は、各人の持株数がいずれも１万株未満の少数株主であり、Ｂさん一族と親族関係にある者はいない。

(3) 貸借対照表（要約、直前期末現在、簿価）

資　　　産		負債・純資産	
土地建物（注２）	8,000万円	負　債（注４）	7,000万円
その他資産（注３）	2億1,000万円	純資産	2億2,000万円
合　計	2億9,000万円	合　計	2億9,000万円

注 2：「土地建物」は2023年 5 月に取得したもので、この簿価8,000万円は現時点における通常の取引価額に相当すると認められる。また、現時点におけるこの土地建物の相続税評価額は、5,000万円である。
注 3：「その他資産」の現時点の相続税評価額は、2 億5,000万円である。
注 4：「負債」の簿価と現時点での相続税評価額とは同額である。

※上記以外の条件は考慮せず、各問に従うこと。

《問 1 》 設例において、仮にＡさんが、その所有する甲社株式をＢさんとＢさんの長男にそれぞれ 1 万株ずつ贈与した場合において、現時点における贈与税の課税上の甲社株式の評価方法に関する次の記述のうち、最も適切なものはどれか。なお、《問 2 》の贈与は考慮しなくてよい。
　 1 ） Ｂさんが贈与を受けた甲社株式については原則的評価方式で評価し、Ｂさんの長男が贈与を受けた甲社株式ついては配当還元方式で評価する。
　 2 ） Ｂさんが贈与を受けた甲社株式については配当還元方式で評価し、Ｂさんの長男が贈与を受けた甲社株式については原則的評価方式で評価する。
　 3 ） ＢさんおよびＢさんの長男のいずれについても、贈与を受けた甲社株式は原則的評価方式で評価する。
　 4 ） ＢさんおよびＢさんの長男のいずれについても、贈与を受けた甲社株式は配当還元方式で評価する。

《問 2 》 設例において、仮にＡさんが、自己の所有する甲社株式のうち、15万株をＡさんの長男に贈与した場合の、現時点における贈与税の課税上の甲社株式の 1 株当り相続税評価額を求めなさい。計算にあたっては、次の〈資料〉を利用すること。株式の価額の計算の結果、円未満の端数が生じた場合はその端数を切り捨てること。なお、《問 1 》の贈与は考慮しなくてよい。
〈資料〉
　①　甲社株式の 1 株当り類似業種比準価額は、150円とする。
　②　甲社株式の 1 株当りの純資産価額は、直前期末の貸借対照表を基準として計算した金額を用いる。
　③　Ａさんの長男が贈与を受けた甲社株式の価額は、原則的評価方式

で評価する。
④ 甲社の株式評価上の会社規模は「中会社の小」であり、この場合
のＬの割合は0.6である。

・解説と解答・

《問1》

　贈与後のＡさんグループの議決権割合が49％なので、Ａさんグループの株主
は同族株主となる。Ｂさんグループ（ＢさんとＢさんの長男）の議決権割合は
23％なので、Ｂさんグループの株主は同族株主とはならない。よって、Ｂさん
およびＢさんの長男のいずれも配当還元方式による価額となる。

正解　4）

《問2》

〔計算過程〕
① 純資産価額

（8,000万円＋2億5,000万円－7,000万円）－｛（8,000万円＋2億5,000万円
－7,000万円）－（8,000万円＋2億1,000万円－7,000万円）｝×37％

＝2億4,520万円

$$\frac{2億4,520万円}{100万株}＝245.2円$$

② 類似業種比準価額　150円

③ 併用方式による評価額

150円×0.6＋245.2円×（1－0.6）＝188.08円→188円 ｜ いずれか低い額188円
245.2円×0.6＋245.2円×（1－0.6）＝245.2円→245円 ｜

答　188円

（参考）

　Ａさんグループ（Ａさん、長男、二男）は筆頭株主グループで、その議決権
割合が51％なので、甲社は同族株主のいる会社となる。株式の贈与を受ける長
男は、贈与後の議決権割合が30％となり、5％以上なので株式は原則的評価方
式により評価する。甲社は、中会社なので、原則的評価方式は類似業種比準方
式と純資産価額方式の併用方式となる。ただし、純資産価額のほうが低い場合
は純資産価額方式を採用できる。甲会社の資産に含まれる土地建物は課税時期
前3年以内に取得したものであるため、純資産価額の計算上、通常の取引価額
を用いる必要がある。

6−37　純資産価額方式

《設例》X株式会社（以下「X社」という）の社長であるAさんは、その所有している自社株の相続対策を検討している。X社とその株式等、X社の2024年9月末現在の貸借対照表（要約）は、次の資料のとおりである。

〈資料〉

(1)　X社とX社株式等

・X社は非上場の株式会社である。発行済株式総数は20万株であり、その80％を社長およびその親族が保有しており、同族株主のいる会社に該当する。

・X社の株式は、すべて普通株式であり、株主の有する議決権数は1株につき1つである。

・相続税における株式評価上、X社株式は「取引相場のない株式」であり、会社規模は「中会社の小」に該当する。なお、X社は特定の評価会社には該当しない。

(2)　貸借対照表（要約）

（単位：万円）

資　産	帳簿価額	負債・純資産	帳簿価額
土　地	2,000	負　債	5,000
建　物	1,000	純資産	20,000
その他	22,000		
合　計	25,000	合　計	25,000

・上記土地・建物は、1988年に取得したもので、事務所として賃貸の用に供しており、現在の相続税評価額等は、次のとおりである。

　　土地：相続税評価額（自用地評価額）　　　1億5,000万円

　　　　　相続税評価額（貸家建付地評価額）　1億1,850万円

　　建物：固定資産税評価額　　　　　　　　　2,000万円

　　　　　相続税評価額（貸家評価額）　　　　1,400万円

・土地・建物以外の相続税評価額と帳簿価額とは同額である。

※上記以外の条件は考慮せず、各問に従うこと。

188

《問1》X社の株式の価額の評価等に関する次の記述のうち、最も適切なものはどれか。

1）同族株主が取得した株式の価額は、すべて原則的評価方式により評価することとされており、特例的評価方式（配当還元方式）により評価することはできない。

2）同族株主以外の株主が取得した株式の価額は、特例的評価方式（配当還元方式）により評価することとされているが、配当還元価額が原則的評価方式による価額を超える場合には、原則的評価方式による価額とされる。

3）原則的評価方式により評価する場合、類似業種比準価額のほうが純資産価額よりも低額であるときは、類似業種比準価額のみにより評価することができる。

4）原則的評価方式により評価する場合、X社の会社規模が「中会社の大」に該当するときであっても、「中会社の小」に該当するときであっても、その評価額は同じになる。

《問2》X社の2023年9月末現在における1株当りの純資産価額（相続税評価額によって計算した金額）を求めなさい。なお、1株当りの純資産価額は円単位とし、円未満の端数は切捨てとすること。

● 解説と解答 ●

《問1》

1）不適切である。同族株主の取得した株式の価額は、原則として、原則的評価方式により評価する。ただし、その取得した人の議決権割合が5％未満の場合で、その会社に中心的同族株主がいても、中心的同族株主や役員でないときは、特例的評価方式（配当還元方式）により評価する。

2）適切である（相続税財産評価に関する基本通達188、188-2）。

3）不適切である。「中会社の小」の場合の株式の価額は、次のいずれか低い価額で評価することができるが、類似業種比準価額のみにより評価することはできない。

・類似業種比準価額×0.6＋純資産価額×0.4

ただし、株式の取得者とその同族関係者の有する議決権の合計数が評価会社の議決権総数の50％以下である場合は、上記算式の「純資産価額」

について、相続税評価額により計算した純資産価額に100分の80を乗じ
て計算した金額とされる（相続税財産評価に関する基本通達185）。

・上記算式の「類似業種比準価額」を「純資産価額」に置き換えて計算し
た価額

4）不適切である。中会社の株式の価額を評価する場合の算式「類似業種比準
価額×L＋純資産価額×（1－L）」において、Lの値は、中会社の大・
中・小でそれぞれ異なり、中会社の大は0.9、中会社の中は0.75、中会社
の小は0.6となる。なお、3）の解説参照。

正解　2）

《問2》

〔計算過程〕

① 相続税評価額による純資産価額

（1億1,850万円＋1,400万円＋2億2,000万円）－5,000万円＝3億250万円

② 帳簿価額による純資産価額

2億5,000万円－5,000万円＝2億円

③ 1株当り純資産価額

$$\frac{3億250万円－（3億250万円－2億円）×37\%}{20万株}＝1,322.875円$$

答　1,322円

6-38 類似業種比準方式

《設例》非上場の同族会社であるX株式会社（資本金5,000万円、発行済
株式総数10万株。以下、「X社」という）の代表取締役社長Aは、
2024年10月21日に死亡した。相続人は、妻B、長男C、二男Dの3
人である。Aの所有していたX社株式5万株は、下記〈株主構成〉
のように、妻B・長男C・二男Dが相続により取得した。

同社の株式評価上の会社規模は「大会社」であり、特定の評価会
社には該当しない。また、X社の株式は、すべて1株につき議決権
を1つ有している。なお、X社株式の価額を評価するために必要な
資料は、下記〈X社および類似業種の比準要素〉のとおりである。

〈株主構成〉

株主	Aとの関係	相続後の役職	各人の保有する株式数		
			相続開始前	相続等により取得	相続後
A	本人	—	5万株	—	—
B	妻	常務取締役	2,000株	2,000株	4,000株
C	長男	専務取締役	6,000株	4万6,000株	5万2,000株
D	二男	—	2,000株	2,000株	4,000株
E	知人(注)	代表取締役	3万5,000株	0千株	3万5,000株
F	知人(注)	営業部長	5,000株	0千株	5,000株
合計		—	10万株	5万株	10万株

(注) Eは、X社創業時の共同経営者で、FはEの長男である。
　　　EおよびFと、A一族とは親族関係にない。

〈X社および類似業種の比準要素〉

	X社（注）	類似業種
1株当り配当金額	5.0円	4.2円
1株当り利益金額	33円	27円
1株当り純資産価額	122円	180円

（注）
X社の1株当り比準要素は、資本金等の額を50円として換算したものによる。

・類似業種の平均株価　2024年7月：365円　　2024年8月：382円
　　　　　　　　　　　2024年9月：399円　　2024年10月：410円
　　　　　　　　　　　2023年平均：370円　　2024年10月以前2年間
　　　　　　　　　　　　　　　　　　　　　の平均：400円

※上記以外の条件は考慮せず、各問に従うこと。

《問1》X社株式の評価方式に関する次の記述のうち、最も不適切なものはどれか。

1）長男Cは、同族株主に属し、かつ取得後の議決権割合が5％以上であるので、Aの相続により長男Cが取得したX社株式の価額は、原則的評価方式によって評価する。

2）二男Dは、同族株主に属するが、取得後の議決権割合が5％未満で、かつX社の役員ではないので、Aの相続により二男Dが取得したX社株式の価額は、特例的評価方式によって評価することができる。

3）妻Bの取得後の議決権割合は5％未満であるが、妻Bは、同族株主に属し、かつ中心的同族株主に該当し、X社の役員であるため、Aの相続により妻Bが取得したX社株式の価額は、原則的評価方式によって評価する。

4）設例の株主構成（Aの相続後）のまま、仮にEが死亡し、Eの保有株式のすべてをFが相続した場合、Fは同族株主に該当しないため、Eの相続によりFが取得したX社株式の価額は、特例的評価方式によって評価することができる。

《問2》Aが所有していたX社株式の1株当りの類似業種比準価額を、最も低い額になるように求めなさい。なお、端数処理は、計算過程に

おいて各要素別比準割合および比準割合は小数点以下第3位を切り捨て、1株当りの資本金等の額50円当りの類似業種比準価額は10銭未満を切り捨て、答の金額は円未満を切り捨てて円単位とすること。

〈参考〉

$$A \times \frac{\dfrac{b}{B} + \dfrac{c}{C} + \dfrac{d}{D}}{\Box} \times 斟酌率(0.7) \times \frac{その株式の1株当り資本金等の額}{50円}$$

● 解説と解答 ●

《問1》

同族株主がいる会社の株式の評価方式は、以下のとおりである。

株式を取得した者の区分				評価方式
同族株主 (注1)	取得後の議決権割合が5%以上の株主			原則的評価方式
	取得後の議決権割合が5%未満の株主	中心的な同族株主がいない場合		
		中心的な同族株主がいる場合	中心的な同族株主(注2)	
			役員である株主(注3)	
			その他の株主	特例的評価方式(配当還元方式)
	同族株主以外の株主			

(注1)「同族株主」：議決権割合が50%超のグループに属する株主。どの同族グループも50%以下の場合は、30%以上のグループに属する株主。

(注2)「中心的な同族株主」：本人、配偶者、直系血族、兄弟姉妹、一親等の姻族で、議決権割合が25%以上となる株主。

(注3)「役員である株主」：課税時期に役員である場合と課税時期の翌日から法定申告期限までに役員となる場合

1) 適切である。妻B、長男C、二男Dのグループは、議決権割合が60%（50%超）であるから、同族株主となる。長男Cは、同族株主に属し、かつ議決権割合が5%以上のため、取得した株式の価額は原則的評価方式により評価する。

2) 不適切である。二男Dは中心的な同族株主に該当するため、原則的評価方式によって評価する。

3）適切である。妻Bは、同族株主に属し、かつ中心的な同族株主に該当し、役員であるから、その議決権割合が5％未満であっても、原則的評価方式により評価する。

4）適切である。Fは、同族株主のいる会社で同族株主に属していないため、Fが取得した株式の価額は特例的評価方式により評価する。

正解　2）

《問2》

$$370円 \times \frac{\dfrac{5.0円}{4.2円} + \dfrac{33円}{27円} + \dfrac{122円}{180円}}{3} \times 0.7$$

$$= 370円 \times \frac{1.19 + 1.22 + 0.67}{3} \times 0.7$$

$$= 370円 \times 1.02 \times 0.7 = 264.1円$$

$$264.1円 \times \frac{※500円}{50円} = 2,641円$$

※1株当りの資本金等の額

5,000万円 ÷ 10万株 = 500円

答　2,641円

6－39　法人税の計算(1)

《設例》内国法人であるＡ社（資本金2,500万円、青色申告法人、非同族
　　会社、他の法人による完全支配関係はない）の2025年3月期（2024
　　年4月1日～2025年3月31日）における法人税の申告に係る資料
　　（予想）は、以下のとおりである。

〈資料〉

Ⅰ　2025年3月期の損益計算書（予想）の一部抜粋

税引前当期純利益	4,150万円
「法人税、住民税及び事業税」	1,392万円
当期純利益	2,758万円

Ⅱ　「法人税、住民税及び事業税」および「未払法人税等」に関する事
　　項

　(1) i　期中に、「未払法人税等」勘定から支出した前期確定申告分の
　　　　　法人税800万円、法人住民税160万円、事業税（特別法人事業税
　　　　　を含む。以下同じ）200万円がある。

　　　 ii　期末における「未払法人税等」勘定の金額は、510万円である。

　(2)　「法人税、住民税及び事業税」（当期の損益計算書）の内訳は、次
　　　　のとおりである。

　　　 i　当期中間申告分の法人税600万円、法人住民税120万円、事業税
　　　　　150万円

　　　 ii　預金利子について源泉徴収された所得税額・復興特別所得税額
　　　　　12万円（なお、所得税額・復興特別所得税額は、当期の法人税
　　　　　額から控除を受けるものとする）

　　　iii　当期確定申告分の見積納税額510万円

※上記以外の条件は考慮せず、問題に従うこと。

《問》　設例および下記〈前提条件〉をもとに、以下の問に答えなさい。

(1)　Ａ社の2025年3月期における法人税の確定申告書「別表四　所得の
　　　金額の計算に関する明細書（簡易様式）」の空欄①～③に入る最も
　　　適切な数値を求めなさい。

⑵　A社が2025年 3 月期の確定申告により納付すべき法人税額を求めな
さい。

〈前提条件〉

・下記「別表四」は、一部抜粋であるが、その「区分」欄に掲げられた
事項以外については、考慮する必要はない。なお、「＊＊＊」は、問
題の性質上、伏せてある事項等である。

・設例に示されている数値等以外の事項は、いっさい考慮しないことと
する。

・所得の金額の計算上、選択すべき複数の方法がある場合は、A社にと
って有利になる方法を選択すること。

・地方法人税は考慮しないものとする。

〈別表四　所得の金額の計算に関する明細書（簡易様式）〉（一部抜粋）

（単位：万円）

区　　分		総　額
当期利益		2,758
加算	損金の額に算入した法人税	（　①　）
	損金の額に算入した住民税	120
	損金の額に算入した納税充当金	（　②　）
	小　　計	1,230
減算	納税充当金から支出した事業税	（　③　）
	小　　計	＊＊＊
仮　　　計		3,788
法人税額から控除される所得税額・復興特別所得税額		12
合　　　計		3,800
欠損金の当期控除額		0
所得金額		3,800

・解説と解答・

(1)

区　　分		総　額
当期利益		2,758
加算	損金の額に算入した法人税　　①	600
	損金の額に算入した住民税	120
	損金の額に算入した納税充当金　②	510
	小　　計	1,230
減算	納税充当金から支出した事業税　③	200
	小　　計	200
仮　　　計		3,788
法人税額から控除される所得税額・復興特別所得税額		12
合　　　計		3,800
欠損金の当期控除額		0
所得金額		3,800

答　①600万円　　②510万円　　③200万円

(2)

・法人税額：800万円×15％＋（3,800万円－800万円）×23.2％
　　　　　　＝120万円＋696万円＝816万円

・差引所得に対する法人税額：816万円－12万円＝804万円

・納付すべき法人税額：804万円－600万円＝204万円

答　204万円

6 －40　法人税の計算⑵

《設例》乙株式会社（他の法人による完全支配関係にない）の経理課員の
　　　Wさんのもとに、下記のとおり当期（2024年 4 月 1 日～2025年 3 月
　　　31日）の所得金額の算出を行うための資料がそろった。これに基づ
　　　いて以下の各問に答えなさい。
　⑺　当期純利益　　　6,505万円
　⑷　営業経費等のなかには、次のものが含まれている。
　　①　「法人税、住民税及び事業税」の科目のなかに次のものが含ま
　　　れている。
　　　中間申告の法人税　　　　　　　　　　2,500万円
　　　中間申告の県市民税　　　　　　　　　　500万円
　　　受取利息から源泉徴収された所得税　　　　15万円
　　②　税務上の交際費　　　　　　1,260万円（うち接待飲食費は
　　　　　　　　　　　　　　　　　　　　　　600万円）
　　③　退職給付引当金の繰入額　　　120万円
　⑺　期末資本金　　　　　　　　　　　　　9,000万円
　⑴　当期中に行った剰余金の配当　　　　　　900万円

《問 1 》乙株式会社の当期の所得金額が5,000万円の場合、この所得金額
　　　に対する法人税額（税額控除前）として最も適切なものは、次のう
　　　ちどれか。なお、税額控除はないものとする。
　 1 ）1,094万4,000円
　 2 ）1,102万8,000円
　 3 ）1,160万円
　 4 ）1,170万円

《問 2 》手元にそろった資料に基づき、Wさんに代わって、
　　①　乙社の所得金額を算出しなさい。
　　②　乙社の確定申告により納付すべきまたは還付される法人税額（中
　　　間納税額差引後）を求めなさい。なお、受取利息から控除された
　　　源泉所得税額は法人税額から差し引く方法を選択するものとする。
　　　また、中間申告の法人税は「法人税・住民税および事業税」以外

> の科目から納付されていない。
> ※設例以外の条件は考慮しないこと。また、地方法人税は考慮し
> 　ないものとする。

・解説と解答・

《問1》

　乙社の期末資本金は9,000万円で、他の法人による完全支配関係にない法人のため、次の税率が適用される。

　　　所得金額のうち年800万円以下の部分の金額　15％

　　　所得金額のうち年800万円超の部分の金額　　23.2％

　　したがって、　800万円×　15％＝　　120万円

　　　　　　　　4,200万円×23.2％＝　974万4,000円

　　　　　　　　　合計　　　1,094万4,000円

正解　1)

《問2》

① 乙社の所得金額

　退職給付引当金の繰入額は全額損金不算入

　交際費：　600万円×50％＜800万円　　∴800万円

　　　　　　1,260万円－800万円＝460万円

（当期純利益）（中間申告法人税）（中間申告県市民税）（交際費繰入限度超過）
6,505万円　＋2,500万円　　＋500万円　　　　＋460万円

（退職給付引当金繰入額）　（源泉所得税）
＋　120万円　　　＋　15万円　＝1億100万円

② 乙社の納付すべき法人税額

　　800万円×　15％＝　　　　120万円　┐
　　　　　　　　　　　　　　　　　　　├合計　2,277万6,000円
　9,300万円×23.2％＝2,157万6,000円　┘

　2,277万6,000円－15万円－2,500万円＝△237万4,000円

答　①所得金額　1億100万円

②法人税額　△237万4,000円

6 －41　減価償却

《設例》青色申告法人であるX株式会社（資本金1億円、株主はすべて個人）は、当期中（2024年4月1日～2025年3月31日）に、下記〈資料〉にある資産を取得し、ただちに事業の用（貸付用ではない）に供した。なお、X株式会社はこれまでに減価償却の償却方法に関する届出をしたことがない。

〈資料〉

品目	個数	取得価額	取得年月	法定耐用年数
応接セット	1	60万円	2024年4月	8年
パソコン(注)	10	150万円 （単価15万円）	2024年6月	4年
エアコン	1	50万円	2024年6月	6年

（注）なお、上記パソコン10台は一体として機能するものではなく、通常1台1単位として機能（使用）するものである。

※上記以外の条件は考慮せず、各問に従うこと。なお、解答にあたっては、必要に応じ後掲の〈資料〉を使用すること。

《問1》X株式会社が当期中において行った減価償却費や修繕費等の費用処理に関する次の記述のうち、最も不適切なものはどれか。なお、税務上必要な手続は行われているものとする。

1）来客用トイレを和式から洋式に改修した際の費用15万円を、修繕費として全額費用処理した。

2）当期中に取得したパソコンの取得価額（単価）が15万円のため、その取得価額（10台分）である150万円全額を備品費として費用処理した。

3）当期中に取得したエアコンに係る減価償却費として、当期13万8,750円を計上した。

4）当期中に取得した応接セットについては、一括償却資産として、取得価額の3分の1に相当する20万円を当期の損金に算入することができる。

《問2》 X株式会社が当期に取得した資産（〈資料〉に掲げる資産）に係る減価償却費およびその他の費用として、当期の損金に算入することができる金額を求めなさい。なお、X株式会社にとって損金算入額が最大となる経理処理を行うものとする。

〈資料〉 減価償却資産の償却率、改定償却率および保証率（一部抜粋）

耐用年数	定額法償却率	定率法償却率	改定償却率	保証率
2年	0.500	1.000	—	—
3年	0.334	0.667	1.000	0.11089
4年	0.250	0.500	1.000	0.12499
5年	0.200	0.400	0.500	0.10800
6年	0.167	0.333	0.334	0.09911
7年	0.143	0.286	0.334	0.08680
8年	0.125	0.250	0.334	0.07909
9年	0.112	0.222	0.250	0.07126
10年	0.100	0.200	0.250	0.06552

● 解説と解答 ●

《問1》

1）適切である。用途変更を含む全面改造等をした場合、原則、資本的支出となるが、資産の修理、改良等に要した費用の額が20万円未満の場合、その全額を修繕費としてその支出した事業年度の損金の額に算入することが認められている。

2）適切である。中小企業者等の少額減価償却資産の取得価額の損金算入の特例により、取得価額が30万円未満である減価償却資産（少額減価償却資産）を取得した場合、その取得価額に相当する金額についてその事業の用に供した事業年度に損金処理した金額については、申告書に明細の別表を付けることを条件として、取得し事業の用に供した事業年度に全額損金の額に算入することができる。ただし、適用を受ける事業年度における少額減価償却資産の取得価額の合計額が300万円を超えるときは、その取得価

額の合計額のうち300万円に達するまでの少額減価償却資産の取得価額の
合計額が限度となる。

3 ）適切である。償却方法の届出を行っていないため、当期に取得した資産の
償却方法は、定率法による。また、事業年度の途中に取得した場合の償却
限度額は月数按分にて求める。したがって、エアコンの償却限度額は、50
万円×0.333×$\dfrac{10月}{12月}$＝13万8,750円となる。

4 ）不適切である。取得価額を 3 年間で償却する一括償却資産の損金算入は、
取得価額が20万円未満の減価償却資産が対象となる。

正解　 4 ）

《問 2 》

①　応接セット　　60万円×0.250×$\dfrac{12月}{12月}$＝15万円

②　パソコンの150万円については、「中小企業者等の少額減価償却資産の取得
価額の損金算入の特例」により、全額損金算入可能。したがって、損金の額
として150万円を計上する。

③　エアコン　　50万円×0.333×$\dfrac{10月}{12月}$＝13万8,750円（（問 1 ） 3 ）の解説参照）

④　損金算入額の合計
15万円＋150万円＋13万8,750円＝178万8,750円

答　 178万8,750円

6－42 減価償却⑵

《設例》B株式会社（資本金1億2,000万円）は、当事業年度初日（2024年4月1日）にC支店を開設し、同日、C支店で使用する機器類、器具備品類を購入し、ただちに事業の用（貸付用ではない）に供した。購入した機器類、器具備品類の明細は下記のとおりである。C支店開設がB株式会社の収益に及ぼす影響を試算するため、経理課のSさんは、購入した機器類、器具備品類の減価償却費を計算することとした。以下の各問に答えなさい。

電子計算機　1台	500万円	（パソコンではない）
エアコン　1台	42万円	
タイムレコーダー　1台	110万円	
レジスター　1台	35万円	
カーペット　1式	50万円	（事務所用）
事務机　6個	57万円	（同規格6個分合計）
絵　画　1点	100万円	（書画骨とうに該当し、時の経過により減価しない）
キャビネット　10個	50万円	（同規格10個分合計）

《問》経理課のSさんはC支店で購入した機器類等について下記様式の表を作成した。下記様式に従って表を完成しなさい。

① 耐用年数および償却率は、別表により記入し償却方法は定率法によること（事業年度は1年である）。

② 取得価額の全額を事業の用に供した事業年度に損金算入できるものおよび減価償却ができないものは下記表に記載しないこと。

③ 簡略化のため、減価償却費は千円単位まで計算するものとし、千円未満は切り捨てること。また、未償却残高もそれに基づいて計算すること。

機器・器具備品名	取得価額	耐用年数	償却率	第1年度償却額	第1年度未償却残高	第2年度償却額
	千円			千円	千円	千円
合　　計						

細　　目	耐用年数	償　却　率	
		定額法年率	定率法年率
冷房用又は暖房用機器	6	0.167	0.333
じゅうたんその他の床用敷物			
小売業用、接客業用、放送用、レコード吹込用又は劇場用のもの	3	0.334	0.667
その他のもの	6	0.167	0.333
電子計算機			
パーソナルコンピュータ（サーバー用のものを除く。）	4	0.250	0.500
その他のもの	5	0.200	0.400
複写機、計算機（電子計算機を除く。）、金銭登録機、タイムレコーダーその他これらに類するもの	5	0.200	0.400
その他の事務機器	5	0.200	0.400

・解説と解答・

《問》
正解

機器・器具備品名	取得価額	耐用年数	償却率	第1年度償却額	第1年度未償却残高	第2年度償却額
電子計算機	5,000千円	5(※)	0.400	2,000千円	3,000千円	1,200千円
エアコン	420千円	6	0.333	139千円	281千円	93千円
タイムレコーダー	1,100千円	5	0.400	440千円	660千円	264千円
レジスター	350千円	5	0.400	140千円	210千円	84千円
カーペット	500千円	6	0.333	166千円	334千円	111千円
合　　　計				2,885千円		1,752千円

（注）　事務机は、1個当りの取得価額が100千円未満のため、その全額を第1年度に損金算入する。同様の理由により、キャビネットも、その全額を第1年度に損金算入する。
　　　一定の絵画は減価償却ができない。
　　　以上の理由により、事務机、キャビネット、絵画は、上記の表には記載しない。
（※）　パーソナルコンピュータ（サーバー用のものを除く）は4年

（資料１）2024年度税制改正新旧対照表

	個人所得課税				
	税目	項目	改正前	改正後	適用時期

個人所得課税

1　所得税・個人住民税　NISA制度（少額投資非課税制度）の抜本拡充・恒久化

改正前

(1)2023年まで
「一般NISA」と「つみたてNISA」は選択適用。

	一般NISA	つみたてNISA	ジュニアNISA
年間の投資上限額	120万円（2014・2015年は100万円）	40万円	80万円
非課税期間	5年間	20年間	5年間
非課税投資総額	600万円	800万円	400万円
口座開設可能期間	2014年～2023年	2018年～2037年	2016年～2023年
投資対象商品	上場株式、ETF、REIT、投資信託	長期の積立・分散投資に適した一定の投資信託	上場株式、ETF、REIT、投資信託
対象年齢	20歳以上（2023年から18歳以上）	20歳以上（2023年から18歳以上）	20歳未満（2023年から18歳未満）

(2)2024年から（2020年度税制改正）
「新NISA」と「つみたてNISA」は選択適用。

	新NISA	つみたてNISA
年間の投資上限額	二階：102万円一階：20万円	40万円
非課税期間	5年間	20年間
非課税投資総額	610万円	800万円
口座開設可能期間	2024年～2028年	2018年～2042年
投資対象商品	二階：上場株式、ETF、REIT、投資信託一階：つみたてNISAと同様	長期の積立・分散投資に適した一定の投資信託
対象年齢	18歳以上	18歳以上

※ジュニアNISAは延長せず、2023年12月31日で終了。

改正後

2024年から「つみたて投資枠」と「成長投資枠」は併用可能。

	特定累積投資勘定（仮称）（つみたて投資枠）	特定非課税管理勘定（仮称）（成長投資枠）
年間の投資上限額	120万円	240万円
非課税期間	無期限化	無期限化
生涯非課税限度額（総枠）	1800万円※簿価残高方式で管理（枠の再利用が可能）	1200万円（内、特定非課税管理勘定の限度額）
口座開設可能期間	恒久化	恒久化
投資対象商品	長期の積立・分散投資に適した一定の投資信託	上場株式、ETF、REIT、投資信託
対象年齢	18歳以上	18歳以上

2023年12月31日までに現行の一般NISAおよびつみたてNISA制度において投資した商品は、新しい制度の外枠で、現行制度における非課税措置を適用。

適用時期：2024年1月1日から

2　所得税　特定中小会社が設立の際に発行した株式の取得に要した金額の控除等の特例（スタートアップ支援）の創設

改正前：新設

改正後：

保有する株式を売却し、スタートアップ企業への再投資を行う際に課税を行わない措置等を創設する。
(1)投資段階
　対象となるスタートアップ企業により設立の際に発行される特定株式を払い込みにより取得した居住者等は、その取得をした年分の株式等に係る譲渡所得等の金額からその特定株式の取得に要した金額の合計額を控除する。
(2)譲渡段階
　①取得価額の調整
　　その取得をした特定株式の取得価額は、上記(1)の控除をした金額のうち20億円を超える部分の金額をその取得に要した金額から控除した金額とする。
　②譲渡損失
　　譲渡損失の繰越控除等の適用対象となる株式の範囲に、本特例の特定株式を加える。

適用時期：—

	税目	項目	改正前	改正後	適用時期
2		特定中小会社が設立の際に発行した株式の取得に要した金額の控除等の特例〈スタートアップ支援〉の創設		(3)選択適用 　この特例はエンジェル税制との選択適用とする。 (4)対象となるスタートアップ企業の要件 　①その設立の日以後の期間が1年未満の中小企業者であること。 　②販売費および一般管理費の出資金額に対する割合が100分の30を超えることその他の要件を満たすこと。 　③特定の株主グループの有する株式の総数が発行済株式の総数の100分の99を超える会社でないこと。 　④金融商品取引所に上場されている株式等の発行者である会社でないこと。 　⑤発行済株式の総数の2分の1を超える数の株式が一の大規模法人等の所有に属している会社または発行済株式の総数の3分の2以上が大規模法人等の所有に属している会社でないこと。 　⑥風俗営業または性風俗関連特殊営業に該当する事業を行う会社でないこと。	—
3	所得税	エンジェル税制の見直し	(1)投資段階 　①譲渡所得の特例 　　対象企業への投資額全額を、その年の株式譲渡所得金額から控除 　　※控除対象となる投資額の上限なし 　（注1）対象企業の主な要件 　　●設立10年未満の企業 　　●特定の株主グループの有する株式の総数が発行済株式の総数の6分の5を超える会社でないこと 　②寄附金控除 　　（対象企業への投資額−2000円）を、その年の総所得金額から控除 　　※控除対象となる投資額の上限は、総所得金額×40％と800万円のいずれか低い方 　（注2）対象企業の主な要件 　　●設立5年未満の企業 　　●特定の株主グループの有する株式の総数が発行済株式の総数の6分の5を超える会社でないこと (2)譲渡段階 　①取得価額の調整 　　上記(1)①または②の特例により控除した金額は、株式の取得価額から差し引き株式売却時に課税される（いわゆる課税の繰り延べ）。 　　特定株式の取得に要した金額の合計額−上記(1)①または②の特例により控除した金額＝調整後の取得価額 　②譲渡損失 　　未上場ベンチャー企業株式の売却により損失が生じたときは、その年の他の株式譲渡益からその損失額を控除可能。 　　さらに控除しきれなかった損失額については、翌年以降3年間にわたって繰越控除が可能。 　　※ベンチャー企業が上場しないまま、破産、解散等をして株式の価値がなくなった場合も同様。	(1)譲渡所得の特例の改正 　①譲渡段階の取得価額の調整 　　特定株式の取得に要した金額の合計額−（左記(1)①により株式譲渡所得金額から控除した金額−イ・ロのいずれか低い金額）＝調整後の取得価額 　　イ　特定株式の取得に要した金額の合計額 　　ロ　その年の株式譲渡所得の金額の合計額（20億円を超える場合は20億円） 　②上記①の対象となる要件 | イ	中小企業等経営強化法に規定する特定新規中小企業者に該当する株式会社により発行される株式	投資事業有限責任組合契約に従って取得もしくは電子募集取扱業務により取得
	内国法人のうち設立の日以後10年を経過していない中小企業者に該当するものにより発行される株式	
	その他一定の要件を満たすものにより発行される株式		 	ロ	設立の日以後の期間が5年未満であること
	設立後の各事業年度の営業損益金額がゼロ未満であること
	各事業年度の売上高がゼロまたは前事業年度の試験研究費その他中小企業等経営強化法施行令第3条第1項に規定する費用の額の合計額の出資金額に対する割合が100分の30を超えること
	その他の要件を満たすものであること	 　③特定の株主グループからの投資要件の緩和 　　適用対象となる特定新規中小企業者（上記②ロの要件を満たす株式会社に限る）の特定の株主グループの有する株式の総数が発行済株式の総数の20分の19を超える会社でないこととする。 　④確認手続きにおける添付書類の簡素化 　　適用対象となる特定新規中小企業者に該当する株式会社に係る確認手続きにおいて、一定の書類については、都道府県知事へ提出する申請書への添付を要しないこととする。	—

	税目	項目	改正前	改正後	適用時期
3		エンジェル税制の見直し		(2)寄附金控除の改正 ①特定の株主グループからの投資要件の緩和 適用対象となる特定新規中小企業者（上記(1)②ロの要件を満たす株式会社に限る）の特定の株主グループの有する株式の総数が発行済株式の総数の20分の19を超える会社でないこととする。 ②確認手続きにおける添付書類の簡素化 適用対象となる特定新規中小企業者に該当する株式会社に係る確認手続きにおいて、一定の書類については、都道府県知事へ提出する申請書への添付を要しないこととする。	ー
4	所得税	ストックオプション税制の見直し	〈税制適格ストックオプション〉 ①権利行使時 課税されない（原則は、権利行使時の取得株式の時価と権利行使価格の差額である経済的利益に課税する）。株式譲渡時まで繰り延べる。 ②株式譲渡時 売却価格 − 権利行使価格＝譲渡所得金額 〈適用対象となる新株予約権の行使期間〉 付与決議日から2年経過後10年以内	適用対象となる新株予約権の行使期間の拡充 一定の株式会社(注)が付与する新株予約権については、付与決議日から2年経過後15年以内とする。 (注) 一定の株式会社とは、設立の日以後の期間が5年未満の株式会社で、金融商品取引所に上場されている株式等の発行者である会社以外の会社であることその他の要件を満たすものをいう。	ー
5		極めて高い水準にある高所得者層に対する負担の適正化	新設	①基準所得税額(注1) ②（基準所得金額(注2) − 3億3000万円）×22.5% ③②の金額が①の金額を超える場合には、その超える金額の所得税を課す。 (注1) 基準所得税額とは、基準所得金額に係る所得税額 (注2) 基準所得金額とは、申告不要制度を適用しないで計算した合計所得金額（分離課税の譲渡所得、給与・事業所得、その他の各種所得を合算した金額。ただし、スタートアップ再投資やNISA関連の非課税所得は対象外であるほか、政策的観点から設けられている特別控除の金額）。	2025年分以後の所得税
6	所得税・個人住民税	空き家に係る譲渡所得の特別控除の特例の延長等 3000万円	相続時から3年を経過する日の属する年の12月31日までに、被相続人の居住の用に供していた家屋を相続した相続人が、①その家屋（耐震性のない場合は耐震リフォームをしたものに限り、その敷地を含む）または②除却後の土地を譲渡した場合には、①その家屋または②除却後の土地の譲渡益から3000万円を控除することができる。 2016年4月1日から2023年12月31日までの譲渡について適用する。	(1)適用期限 4年（2027年12月31日まで）延長する。 (2)買主が耐震改修または除却工事を行う場合も適用対象に追加 被相続人の居住用家屋が譲渡の時から譲渡の日の属する年の翌年2月15日までの間に次に掲げる場合に該当することとなったときは適用対象とする。 ●耐震基準に適合することとなった場合 ●その全部の取り壊しもしくは除却がされ、またはその全部が滅失をした場合 (3)特別控除額の縮減 被相続人の居住用家屋等を取得した相続人の数が3人以上である場合における特別控除額を2000万円（1人当たり）とする。	2024年1月1日以後の譲渡
7		長期譲渡所得の特別控除の特例（低未利用土地等を譲渡した場合の特別控除の特例）の延長等	低未利用土地等の譲渡をした場合には、低未利用土地等の譲渡益から100万円を控除することができる。 〈主な要件〉 ①譲渡価額がその上にある建物等を含めて500万円以下の譲渡であること ②所有期間がその年の1月1日において5年を超えること ③その低未利用土地等が都市計画区域内に所在すること ④低未利用土地等であったことおよび譲渡後の土地の利用について市区町村による確認が行われたこと 2020年7月1日から2022年12月31日までの譲渡について適用する。	(1)適用期限 3年（2025年12月31日まで）延長する。 (2)適用対象から除外 低未利用土地等の譲渡後の利用要件に係る用途から、いわゆるコインパーキングが除外される。 (3)譲渡価額の要件を拡充 次の土地は譲渡価額の要件につき上限を800万円に引き上げる。 ●市街化区域または非線引き都市計画区域のうち用途地域設定区域に所在する土地 ●所有者不明土地対策計画を策定した自治体の都市計画区域内に所在する土地	2023年1月1日以後の譲渡

	税目	項目	改正前	改正後	適用時期
8		優良住宅地の造成のために土地等を譲渡した場合の長期譲渡所得の課税の特例の延長等	譲渡した年の1月1日における所有期間が5年超の土地等を2022年12月31日までに譲渡した場合は、次のとおり税率が軽減される。 ①課税長期譲渡所得金額が2000万円以下の部分：10％（住民税4％） ②課税長期譲渡所得金額が2000万円を超える部分：15％（住民税5％） 〈主な優良住宅地等のための譲渡〉 ●国、地方公共団体等に対する土地等の譲渡 ●収用交換等による土地等の譲渡 ●特定の民間再開発事業の用に供するための土地等の譲渡 ●都市計画法の開発許可を受けて行う面積が原則として1000㎡以上の一団の住宅地造成の用に供するための土地等の譲渡	(1)適用期限 　3年（2025年12月31日まで）延長する。 (2)適用対象から除外 　特定の民間再開発事業の用に供するための土地等の譲渡を除外する。 (3)適用対象を限定 　都市計画法の開発許可を受けて行う一団の住宅地造成の用に供するための土地等の譲渡について、次に掲げる区域内で行われる開発行為に係るものに限定する。 ●市街化区域 ●市街化調整区域 ●非線引き都市計画区域のうち用途地域設定区域	―
9	所得税・個人住民税	既成市街地等内にある土地等の中高層耐火建築物等の建設のための買換え等の特例の見直し	一定の譲渡資産を売却し、一定の期間内に一定の買換資産を取得し、その取得の日から1年以内に事業の用または居住の用に供した場合は、譲渡益の全部または一部の課税を繰り延べる。 ①特定民間再開発事業の施行地区内における中高層耐火建築物への買換等 ②既成市街地等内における中高層耐火共同住宅への買換等	買換資産である中高層の耐火建築物の建築に係る事業の範囲から特定の民間再開発事業を除外する。	
10		特定非常災害に係る損失の繰越控除制度の見直し	〈損失の繰越控除制度〉 ●青色申告をしている年分の純損失の金額は、翌年以降3年間繰越控除を受けることができる。 ●変動所得の損失金額および被災事業用資産の損失金額は、翌年以降3年間繰越控除を受けることができる。 ●雑損失の金額は、翌年以降3年間繰越控除を受けることができる。	(1)特定被災事業用資産の損失について、次に掲げるものの繰越期間を5年に延長する。 ①保有する事業用資産等のうちに特定被災事業用資産の損失額の占める割合が10％以上である場合 ●青色申告者：被災事業用資産の損失による純損失を含むその年分の純損失の総額 ●白色申告者：被災事業用資産の損失による純損失と変動所得に係る損失による純損失との合計額 ②上記①以外の者は、特定被災事業用資産の損失による純損失の金額 (2)個人の有する住宅や家財等につき特定非常災害の指定を受けた災害により生じた損失について、雑損控除を適用してその年分の総所得金額等から控除しても控除しきれない損失額についての繰越期間を5年に延長する。	―
11	所得税	個人事業者の各種届出の簡素化	〈主な個人事業者の届出書・申請書〉 ●個人事業の開業・廃業等届出書：事業の開始等の事実があった日から1カ月以内 ●所得税の青色申告承認申請書：青色申告をしようとする年の3月15日まで（新規開業は、その事業開始等の日から2カ月以内） ●青色事業専従者給与に関する届出・変更届出書：青色事業専従者給与額を必要経費に算入しようとする年の3月15日まで（新規開業や新たに専従者がいることとなった人は、その開業の日等から2カ月以内） ●給与支払事務所等の開設・移転・廃止届出書：開設等の事実があった日から1カ月以内 ●源泉所得税の納期の特例の承認に関する申請書：提出した日の翌月に支払う給与等から適用	個人事業者がその事業を開始し、または廃止した場合に行う届出書等の提出を一括で行えるよう、次の見直しを行う。 ①個人事業の開業・廃業等届出書 　提出期限：事業の開始等の事実があった日の属する年分の確定申告期限とする 　提出先：事務所等を移転する場合の提出先を納税地の所轄税務署長とする 　記載事項：簡素化する ②青色申告書による申告をやめる旨の届出書 　提出期限：申告をやめようとする年分の確定申告期限とする 　記載事項：簡素化する ③記載事項の簡素化を行う届出書等 イ　納期の特例に関する承認の申請書 ロ　青色申告承認申請書および青色専従者給与に関する届出書 ハ　給与等の支払いをする事務所の開設等の届出書	①は2026年1月1日以後の事業の開始等 ②は2026年分以後の所得税 ③イは2027年1月分以後の承認申請 ③ロは2027年分以後の所得税 ③ハは2027年1月1日以後の事務所の開設等

	税目	項目	改正前	改正後	適用時期
12	所得税	年末調整関係書類の記載事項の簡素化	(1)給与所得者の扶養控除等申告書の記載事項 ●給与の支払者の氏名または名称 ●給与所得者が障害者等、勤労学生、寡婦、ひとり親に該当する旨等 ●同一生計配偶者または扶養親族のうちに障害者等がある旨等 ●控除対象扶養親族の氏名等（そのうちに特定扶養親族または老人扶養親族等がある旨等） (2)給与所得者の保険料控除申告書の記載事項 ●保険金等の受取人の給与所得者との続柄が記載項目とされている（この続柄は保険料控除証明書には記載されない）。 ●社会保険料控除の記載項目とされている「自己と生計を一にする配偶者その他の親族の負担すべき社会保険料がある場合におけるこれらの者との続柄」も同様。	(1)給与所得者の扶養控除等申告書の記載事項 　前年の申告内容と異動がない場合には、その旨の記載をもって個別の記載を不要とする。 (2)給与所得者の保険料控除申告書の記載事項 　続柄の「給与所得者の保険料控除申告書」への記載を不要とする。	(1)2025年1月1日以後の給与等に係る申告書 (2)2024年10月1日以後に提出する申告書
13		源泉徴収票の提出方法等の見直し	給与等の支払者は次の書類をそれぞれ次の者に提出しなければならない。 ①給与所得の源泉徴収票：国（給与等の支払者を所轄する税務署）および給与受給者（役員・従業員） 国（税務署）への提出範囲：原則として支払金額500万円超の者（役員は150万円）。 ②給与支払報告書：給与受給者の居住地の地方公共団体 地方公共団体への提出範囲：全ての者（支払金額30万円以下の退職者は提出不要）。	給与所得の源泉徴収票の提出範囲を給与支払報告書にそろえて拡大した上で、地方公共団体に給与支払報告書の提出があった場合には、その給与受給者について国（税務署）への給与所得の源泉徴収票の提出があったものとみなす（本人交付義務は存置する）。 ※公的年金等についても同様とする。	2027年1月1日以後に提出すべき源泉徴収票
14		国民健康保険税の見直し	(1)基礎課税額に係る課税限度額：65万円 (2)後期高齢者支援金等課税額に係る課税限度額：20万円 (3)介護納付金課税額に係る課税限度額：17万円 (4)減額の対象となる所得基準 ①5割軽減の対象となる世帯の軽減判定所得算定：被保険者の数×28.5万円 ②2割軽減の対象となる世帯の軽減判定所得算定：被保険者の数×52万円	(1)基礎課税額に係る課税限度額：65万円（改正なし） (2)後期高齢者支援金等課税額に係る課税限度額：22万円 (3)介護納付金課税額に係る課税限度額：17万円（改正なし） (4)減額の対象となる所得基準 ①5割軽減の対象となる世帯の軽減判定所得算定：被保険者の数×29万円 ②2割軽減の対象となる世帯の軽減判定所得算定：被保険者の数×53.5万円	—

資産課税					
	税目	項目	改正前	改正後	適用時期
1	贈与税・相続税	相続時精算課税制度の見直し	(1)贈与税の計算 〔贈与税の課税価格－特別控除額2500万円（累積）〕×20% (2)相続税の計算 ①全ての相続時精算課税適用贈与財産を相続財産に合算して相続税を計算する。 ②既に支払った相続時精算課税に係る贈与税相当額を控除する（相続税額から控除しきれない贈与税額がある場合、還付あり）。 ③相続財産と合算する贈与財産の価額は、贈与時における時価。	(1)贈与税の計算 〔贈与税の課税価格－基礎控除額110万円(注)－特別控除額2500万円（累積）〕×20% (注) 暦年課税の基礎控除とは別途、毎年110万円控除。 (2)相続税の計算 ①全ての相続時精算課税適用贈与財産（基礎控除額、年110万円控除後）を相続財産に合算して相続税を計算する。 ②既に支払った相続時精算課税に係る贈与税相当額を控除する（相続税額から控除しきれない贈与税額がある場合、還付あり）。 ③相続財産と合算する贈与財産の価額は、贈与時における時価（ただし、土地・建物が、災害により一定以上の被害を受けた場合は再計算）。	2024年1月1日以後の贈与 (2)③は2024年1月1日以後に生ずる災害による被害

	税目	項目	改正前	改正後	適用時期
2	相続税	暦年課税における生前贈与加算の期間延長	相続開始前3年以内の贈与により取得した財産を相続財産に加算する。	(1)加算期間の延長 　相続開始前に暦年課税により贈与を受けた場合の相続財産への加算期間を7年に延長する。 　2024年1月以降に贈与により取得する財産について加算期間の延長をする。2027年1月以降、加算期間を順次延長し、加算期間が7年となるのは2031年以降となる。 (2)延長した4年間の措置 　相続開始前3年超7年以内の4年間に受けた贈与財産については、4年間の総額で100万円まで相続財産に加算しない。	2024年1月1日以後の贈与
3	贈与税	教育資金の一括贈与を受けた場合の贈与税の非課税措置の見直し	(1)適用期限 　2023年3月31日までの信託等について適用する。 (2)贈与者死亡時の残高 　贈与者が行った全ての贈与について、贈与者の相続開始日において受贈者が次の①から③のいずれかに該当する場合を除き、相続開始時におけるその残高を相続財産に加算する。 　①23歳未満である場合 　②学校等に在学している場合 　③教育訓練給付金の支給対象となる教育訓練を受講している場合 (3)教育資金契約終了時の贈与税の計算 　①特例税率：18歳以上の者が直系尊属から贈与を受けた場合 　②一般税率：上記①以外の場合 (4)教育資金の範囲 　学校等に支払われる入学金、授業料などや、学校等以外の者に支払われる金銭のうち一定のもの（塾、習い事など）	(1)適用期限 　3年（2026年3月31日まで）延長する。 (2)贈与者死亡時の残高 　贈与者の死亡に係る相続税の課税価格の合計額が5億円を超えるときは、左記①から③に該当する場合であっても、相続開始時におけるその残高を相続財産に加算する。 (3)教育資金契約終了時の贈与税の計算 　年齢に関係なく一般税率を適用する。 (4)教育資金の範囲 　一定の要件に該当する認可外保育施設に支払われる保育料等を加える。	2023年4月1日以後に支払われる教育資金
4	贈与税	結婚・子育て資金の一括贈与を受けた場合の贈与税の非課税措置の見直し	(1)適用期限 　2023年3月31日までの信託等について適用する。 (2)結婚・子育て資金契約終了時の贈与税の計算 　①特例税率：18歳以上の者が直系尊属から贈与を受けた場合 　②一般税率：上記①以外の場合	(1)適用期限 　2年（2025年3月31日まで）延長する。 (2)結婚・子育て資金契約終了時の贈与税の計算 　年齢に関係なく一般税率を適用する。	2023年4月1日以後の信託等
5	相続税・贈与税	医業継続に係る相続税・贈与税の納税猶予等の特例措置の延長等	2014年度の良質な医療を提供する体制の確立を図るための医療法等の一部を改正する法律の改正により、持分あり医療法人から持分なし医療法人に移行する計画を作成し、その計画について厚生労働大臣から認定を受けた認定医療法人に対して、出資者の死亡による相続税の納税猶予等、出資者間のみなし贈与税の納税猶予等の特例措置が導入された。さらに2017年10月からは、出資者の持分放棄に伴い医療法人へ課されるみなし贈与税の非課税措置も導入された。 　移行期限は、厚生労働大臣認定の日から3年以内。 　適用期限（認定期限）は2023年9月30日まで。	良質な医療を提供する体制の確立を図るための医療法等の一部を改正する法律の改正を前提に次の見直しを行った上、適用期限（認定期限）を3年3月（2026年12月31日まで）延長する。 　移行期限を厚生労働大臣認定の日から5年以内に緩和する。	2026年12月31日まで

	税目	項目	改正前	改正後	適用時期
6	登録免許税	登録免許税の軽減措置の延長	土地の売買による所有権移転登記等に対する登録免許税の軽減措置は、2023年3月31日まで適用する。 ①土地の売買による所有権移転登記：1.5%（本則税率2.0%） ②土地の所有権の信託の登記：0.3%（本則税率0.4%）	適用期限を3年（2026年3月31日まで）延長する。	2026年3月31日まで
7	相続税	一部の相続人から更正の請求があった場合のその他の相続人に係る除斥期間の見直し	(1)原則としての相続税の除斥期間 法定申告期限から5年を経過する日まで。 (2)除斥期間が満了する日以前6カ月以内に、一部の者から更正の請求があった場合 ●更正の請求をした者：請求があった日から6カ月を経過する日まで延長。 ●他の者：延長されない（他の者の課税価格・税額の是正が必要となっても更正決定等が間に合わない場合がある）。	一部の者から更正の請求があった場合、他の者の除斥期間も、更正の請求があった日から6カ月を経過する日まで延長する。	2023年4月1日以後に申告書の提出期限が到来する相続税
8	相続税・贈与税	マンションの財産評価	(1)相続税法 時価 (2)財産評価基本通達 ①家屋（区分所有建物） 固定資産税評価額 ②土地（敷地権） 路線価方式または倍率方式で評価した価額に敷地権割合を乗ずる。	マンションについては、市場での売買価格と通達に基づく相続税評価額とが大きく乖離しているケースが見られる。現状を放置すれば、マンションの相続税評価額が個別に判断されることもあり、納税者の予見可能性を確保する必要もある。このため、相続におけるマンションの評価方法については、相続税法の時価主義の下、市場価格との乖離の実態を踏まえ、適正化を検討する。	検討事項

法人課税

	税目	項目	改正前	改正後	適用時期
1	法人税	オープンイノベーション促進税制の見直し	事業会社が、2020年4月1日から2024年3月31日までの間に、一定のベンチャー企業の株式を出資の払い込みにより取得した場合には、その株式の取得価額の25%相当額の所得控除を認める。ただし、特別勘定として経理した金額を限度とする。 この適用を受けた事業会社が、当該株式を譲渡した場合や配当の支払いを受けた場合等には、特別勘定のうち対応する部分を取り崩し、益金に算入する。ただし、特定期間（3年間）保有した株式については、この限りでない。 (1)対象法人 ●青色申告書を提出する法人で、ベンチャー企業とのオープンイノベーションを目指す、株式会社その他これに類する法人 ●対象法人が主体となるCVC（コーポレート・ベンチャーキャピタル）が出資する場合も対象 (2)出資を受けるスタートアップ企業の要件 ●設立10年未満の未上場ベンチャー企業 ●売上高研究開発費率以上かつ赤字企業にあっては、設立15年未満　等 (3)出資の要件 〈下限〉●大企業の場合は1億円以上 　　　　●中小企業の場合は1000万円以上 　　　　●海外ベンチャー企業の場合は5億円以上 〈上限〉100億円	(1)対象株式に発行法人以外の者から購入により取得した株式（総株主の議決権の過半数を有することとなるもの）を加える。 ①取得価額の上限は200億円とする。 ②主な対象株式の要件 改正前の要件を一部見直し、その他は改正前の要件と同様とする。 イ 保有見込期間の下限および特定事業活動を継続する期間は5年とする。 ロ 取得価額要件は、5億円以上とする。 ③主な特別勘定の取崩し事由 改正前の取崩し事由を一部見直し、その他は改正前の取崩し事由と同様とする。 イ 株式の取得から5年を経過した場合には、特別勘定の金額を取り崩し、益金算入する。ただし、その取得の日から5年以内に、いずれかの事業年度において、売上高が1.7倍かつ33億円以上となったこと等の要件に該当することとなった場合は、この限りでない。 ロ 対象法人を合併法人とする合併により解散した場合には、特別勘定の金額を取り崩して、益金算入する。 (2)改正前の制度の見直し ①払い込みにより取得した株式の取得価額の上限を50億円に引き下げる。	―

	税目	項目	改正前	改正後	適用時期
1	法人税	オープンイノベーション促進税制の見直し		②既にその総株主の議決権の過半数の株式を有しているスタートアップ企業に対する出資を対象とするとともに、既に本特例の適用を受けてその総株主の議決権の過半数に満たない株式を有しているスタートアップ企業に対する出資についてその対象を総株主の議決権の過半数を有することとなる場合に限定する。	—
2	法人税・所得税	研究開発税制の税額控除制度の見直し	(1)税額控除 　税額控除額＝①総額型（恒久措置）＋②オープンイノベーション型（恒久措置） 　①総額型（一般試験研究費） 　　イ　税額控除率：試験研究費の増減に応じ2～14%(注1) 　　　（中小法人12～17%(注1)） 　　　（試験研究費が平均売上金額の10%超の場合： 　　　上記割合×（試験研究費割合－10%）×0.5を加算）(注2) 　　（注1）税額控除率：大法人⇒10%超の部分（中小法人⇒12%超の部分）は、2023年3月31日までの間に開始する各事業年度の時限措置 　　（注2）2023年3月31日までの間に開始する各事業年度の時限措置 　　ロ　控除限度額：法人税額の25%（研究開発を行う一定のベンチャーは40%） 　　　（中小法人：10%上乗せ（増加率9.4%超の場合））(注2) 　　　（試験研究費が平均売上金額の10%超の場合：0～10%上乗せ）(注2) 　　　（売上が2%以上減少し、かつ、試験研究費を増加させた場合：5%上乗せ）(注2) 　②オープンイノベーション型（特別試験研究費） 　　イ　税額控除率：特別試験研究費の内容に応じ20% or25% or30% 　　ロ　控除限度額：法人税額の10%（一般試験研究費とは別枠） 　　ハ　対象範囲 　　　●国の試験研究機関等・大学との間の共同・委託研究 　　　●民間企業との共同研究、中小企業の知的財産権使用料 　　　●民間企業（研究開発型ベンチャーを含む）への委託研究のうち、一定のもの 　　　●希少疾病用医薬品等に関する試験研究　など (2)試験研究費の定義 　●製品の製造または技術の改良・考案・発明に係る試験研究のために要する費用 　●対価を得て提供する新たな役務の開発に係る試験研究のために要する費用 　●クラウド環境で提供するソフトウエアなどの自社利用ソフトウエアの製作に要する費用　など （所得税も同様）	(1)税額控除 　次の見直しを行った上、税額控除率および控除限度額の上乗せ措置を3年（2026年3月31日まで）延長する。 　税額控除額＝①総額型（恒久措置）＋②オープンイノベーション型（恒久措置） 　①総額型（一般試験研究費） 　　イ　税額控除率：試験研究費の増減に応じ1～14%(注1) 　　　（中小法人12～17%(注1)） 　　　（試験研究費が平均売上金額の10%超の場合： 　　　上記割合×（試験研究費割合－10%）×0.5を加算）(注2) 　　ロ　控除限度額：法人税額の25%（研究開発を行う一定のベンチャーは40%） 　　　（中小法人：10%上乗せ（増加率12%超の場合））(注2) 　　　（試験研究費が平均売上金額の10%超の場合：0～10%上乗せ）(注2) 　　　（売上が2%以上減少し、かつ、試験研究費を増加させた場合：5%上乗せ）は期限の到来をもって廃止。 　　ハ　控除限度額の変動：次の場合に応じて上乗せまたは減算(注2) 　　　●増減試験研究費割合が4%超 　　　法人税額×（増減試験研究費割合－4%）×0.625の上乗 　　　（法人税額の5%を上限） 　　　※試験研究費が平均売上金額の10%超の場合の上乗せ措置と控除税額の上限が大きくなる方を適用。 　　　●増減試験研究費割合がマイナス4%超 　　　法人税額×（増減試験研究費割合－4%）×0.625の減算 　　　（法人税額のマイナス5%を上限） 　　（注1）税額控除率：大法人⇒10%超の部分（中小法人⇒12%超の部分）は、2026年3月31日までの間に開始する各事業年度の時限措置 　　（注2）2026年3月31日までの間に開始する各事業年度の時限措置 (2)オープンイノベーション型（特別試験研究費）の対象範囲の拡大・追加 　①研究開発型スタートアップ企業の範囲の拡大 　次の要件を満たすスタートアップ企業 　　イ　設立15年未満（設立10年以上の場合は営業赤字） 　　ロ　売上高研究開発費割合10%以上 　　ハ　スタートアップに対する投資を目的とする投資事業有限責任組合の出資先または研究開発法人の出資先 　　ニ　未上場の株式会社かつ他の会社の子会社でないもの　など	2023年4月1日以後に開始する事業年度

税目	項目	改正前	改正後	適用時期
2	法人税・所得税	研究開発税制の税額控除制度の見直し		②高度研究人材の活用に関する試験研究の追加 　次のイおよびロの要件を満たす場合に適用する。 　イ　次の(イ)÷(ロ)が対前年度比で3％以上増加 　　　していること 　　　(イ)　aまたはbの研究者の人件費（工業 　　　　　化研究を除く） 　　　　　a　博士号を授与されて5年を経過し 　　　　　　ない者 　　　　　b　他の事業者で10年以上研究業務に 　　　　　　従事した者（雇用から5年を経過 　　　　　　していない） 　　　　　(ロ)　試験研究を行う者の人件費 　ロ　研究内容が社内外に広く公募されたもの 　　　等であること (3)試験研究費の範囲の見直し 　①サービス開発 　　既存データ（企業が既に保有しているビッグ 　　データ）を活用して行うサービス開発を対象 　　に追加。 　②デザインの設計・試作 　　考案されたデザインに基づく設計・試作を除 　　外。 （所得税も同様）	2023年4月1日以後に開始する事業年度
3	法人税	中小企業者等に係る法人税の軽減税率の特例の延長	中小企業者等に係る軽減税率の特例は2023年3月31日までに開始する事業年度に適用する。	中小企業者等に係る軽減税率の特例を2年（2025年3月31日までに開始する事業年度まで）延長する。	2025年3月31日までに開始する事業年度

改正前

	2019年4月1日以後開始事業年度	2023年4月1日以後開始事業年度
普通法人	23.2%	23.2%
中小法人　年800万円超	23.2%	23.2%
年800万円以下	15%	19%

改正後

	2019年4月1日以後開始事業年度	2023年4月1日以後開始事業年度	2025年4月1日以後開始事業年度
普通法人	23.2%	23.2%	23.2%
中小法人　年800万円超	23.2%	23.2%	23.2%
年800万円以下	15%	15%	19%

税目	項目	改正前	改正後	適用時期
4	法人税・所得税	中小企業向け設備投資促進税制の延長等	(1)中小企業経営強化税制 　中小企業者等が中小企業等経営強化法の認定を受けた経営力向上計画に基づき、一定の設備を取得等した場合には、即時償却または7％（資本金3000万円以下の法人等は10％）の税額控除を選択適用できる。 　適用期限：2023年3月31日までに取得等した資産に適用する。 (2)中小企業投資促進税制 　中小企業者等が一定の機械装置等の対象設備を取得等した場合には、取得価額の30％の特別償却または7％の税額控除（資本金3000万円以下の法人等に限る）を選択適用できる。 　適用期限：2023年3月31日までに取得等した資産に適用する。 (注) 税額控除の控除限度額は、上記(1)～(2)を合わせて法人税額の20％とする。 　((1)～(2)は所得税も同様)	(1)中小企業経営強化税制 　特定経営力向上設備等の対象からコインランドリー業または暗号資産マイニング業（主要な事業であるものを除く）の用に供する資産でその管理のおおむね全部を他の者に委託するものを除外した上、適用期限を2年（2025年3月31日まで）延長する。 (2)中小企業投資促進税制 　次の見直しを行った上、適用期限を2年（2025年3月31日まで）延長する。 　①対象資産から、コインランドリー業（主要な事業であるものを除く）の用に供する機械装置でその管理のおおむね全部を他の者に委託するものを除外する。 　②対象資産について、総トン数500トン以上の船舶にあっては、環境への負荷の低減に資する設備の設置状況等を国土交通大臣に届け出た船舶に限定する。 (注) 税額控除の控除限度額は、上記(1)～(2)を合わせて法人税額の20％とする。 　((1)～(2)は所得税も同様)	2025年3月31日までに取得等した資産

	税目	項目	改正前	改正後	適用時期
5	法人税	青色申告に係る申請・届出の簡素化	〈青色申告の承認申請書〉 　青色申告によって申告書を提出しようとする事業年度開始の日の前日まで（設立事業年度の場合は、設立の日以後3月を経過した日と当該事業年度終了の日とのうちいずれか早い日の前日まで） 〈青色申告の取りやめの届出書〉 　青色申告書により提出することをやめようとする事業年度終了の日の翌日から2カ月以内	(1)青色申告の承認申請書について記載事項の簡素化を行う。 (2)青色申告の取りやめの届出書 　提出期限：申告をやめようとする事業年度の確定申告期限とする。 　記載事項：簡素化する。	(1)2027年1月1日以後に開始する事業年度 (2)2026年1月1日以後に開始する事業年度
6	法人税・所得税	デジタルトランスフォーメーション（DX）投資促進税制の延長等	青色申告法人が産業競争力強化法に定める認定事業適応計画に従って導入されるソフトウエア等に係る投資について、税額控除または特別償却ができる（所得税も同様）。 (1)認定要件 （注1）クラウドシステムへの移行に係る初期費用 （注2）ソフトウエア・繰延資産と連携して使用するものに限る （注3）グループ外の他法人ともデータ連携・共有する場合 （注4）投資総額の上限：300億円 （注5）税額控除の上限：カーボンニュートラル投資促進税制と合わせて当期法人税額の20%まで (3)適用期限：2023年3月31日までに取得等した資産に適用する。	次の見直しを行った上、適用期限を2年（2025年3月31日まで）延長する（所得税も同様）。 ①生産性の向上または新需要の開拓に関する要件を、売上高が10%以上増加することが見込まれることとの要件に見直す。 ②取組類型に関する要件を、対象事業の海外売上高比率が一定割合以上となることが見込まれることとの要件に見直す。 （注）2023年4月1日前に認定の申請をした事業適応計画に従って同日以後に取得等をする資産については、本制度を適用しないこととする。	2025年3月31日までに取得等した資産
7	法人税・所得税	特定資産の買換特例の一部見直しと延長	〈一号〉 既成市街地等の内から外へ買い換えた場合には課税を80%繰り延べる。 〈四号〉 長期所有（所有期間10年超）の土地、建物等を譲渡し、国内にある土地、建物等へ買い換えた場合には課税を70〜80%繰り延べる。 本店または主たる事務所の所在地の移転を伴う買い換えの課税の繰延べ割合 ●東京都の特別区の区域から地域再生法の集中地域以外の地域への買い換え80% ●地域再生法の集中地域以外の地域から東京都の特別区の区域への買い換え70% 適用期限：2023年3月31日までの譲渡。 （所得税も同様（2023年12月31日までの譲渡））	次の見直しを行った上で、適用期限を3年（2026年3月31日まで）延長する（所得税も同様（2026年12月31日まで））。 〈一号〉 適用対象から除外する。 〈四号〉 課税繰延べ割合を見直す。 本店または主たる事務所の所在地の移転を伴う買い換えの課税の繰延べ割合 ●東京都の特別区の区域から地域再生法の集中地域以外の地域への買い換え90%に引き上げる。 ●地域再生法の集中地域以外の地域から東京都の特別区の区域への買い換え60%に引き下げる。 〈適用要件の追加〉 届出書の提出を適用要件に加える。	2023年4月1日から2026年3月31日（所得税は2024年1月1日から2026年12月31日）までの譲渡 届出書は、2024年4月1日以後に譲渡資産の譲渡をして、同日以後に買換資産の取得をする場合

行6 (1)認定要件

デジタル (D) 要件	①データ連携・共有 　他の法人等が有するデータまたは事業者がセンサー等を利用して新たに取得するデータと内部データを合わせて連携すること ②クラウド技術を活用すること ③情報処理推進機構の認定（DX認定） 　レガシー回避・サイバーセキュリティ等の確保
企業変革 (X) 要件	①会社の意思決定に基づくものであること 　取締役会等の決議文書添付等 ②一定以上の生産性向上などが見込まれること等 ③投資総額が売上高比0.1%以上であること

(2)税制措置

対象設備	税額控除	特別償却
ソフトウエア 繰延資産（注1）	3%	30%
機械装置（注2） 器具備品（注2）	5%（注3）	

行7 〈適用要件の追加〉届出書の提出

提出時期	記載事項
譲渡資産を譲渡した日または買換資産を取得した日のいずれか早い日の属する3月期間（※）の末日の翌日以後2カ月以内 ※3月期間とは、その事業年度をその開始の日以後3月ごとに区分した各期間。	●本特例の適用を受ける旨 ●適用を受けようとする措置の別 ●取得予定資産または譲渡予定資産の種類等

	税目	項目	改正前	改正後	適用時期
7	法人税・所得税	特定資産の買換特例の一部見直しと延長		(注1) 先行取得の場合、特定の資産の譲渡に伴い特別勘定を設けた場合の課税の特例および特定の資産を交換した場合の課税の特例を除く。 (注2) 先行取得の場合の届出書について、その記載事項を上表と同様とする見直しを行う。	—
8	法人税	暗号資産の評価の見直し	(1)期末評価方法 　①活発な市場が存在する仮想通貨：時価法 　②活発な市場が存在しない仮想通貨：原価法 (2)取得価額 　①対価を支払って取得（購入）した場合：購入時に支払った対価の額 　②上記以外の場合：その取得時点の価額（時価）	(1)期末時価評価の見直し 　法人が事業年度末において有する暗号資産のうち時価評価により評価損益を計上するものの範囲（左記(1)①）から、次の要件に該当する暗号資産を除外する。 　①自己が発行した暗号資産でその発行の時から継続して保有しているものであること。 　②その暗号資産の発行の時から継続して次のいずれかにより譲渡制限が行われているものであること。 　イ　他の者に移転することができないようにする技術的措置がとられていること。 　ロ　一定の要件を満たす信託の信託財産としていること。 (2)取得価額の見直し 　左記(2)②のうち、自己が発行した暗号資産について、その取得価額を発行に要した費用の額とする。 (3)みなし決済損益 　法人が暗号資産交換業者以外の者から借り入れた暗号資産の譲渡をした場合において、その譲渡をした日の属する事業年度終了の時までにその暗号資産と種類を同じくする暗号資産の買い戻しをしていないときは、その時においてその買い戻しをしたものとみなして計算した損益相当額を計上する。	—

消費課税

	税目	項目	改正前	改正後	適用時期
1	消費税	適格請求書等保存方式（インボイス方式）に係る見直し	(1)小規模事業者に対する納税額 　免税事業者が課税事業者を選択した場合は通常の申告納税を行う。 (2)中小事業者等に対する事務負担 　軽減税率制度の実施により少額な取引であっても正確な適用税率の判定のために領収書等の証票が必要となることから、こうした取引についてもインボイスの保存が必要となる。	(1)小規模事業者に対する納税額に係る負担軽減措置 　免税事業者が課税事業者を選択した場合の負担軽減を図るため、納税額を売上税額の2割に軽減する激変緩和措置を3年間講ずることとする。 　これにより、業種にかかわらず、売上・収入を把握するだけで消費税の申告が可能となる。 (注1) 基準期間（前々年・前々事業年度）の課税売上高が1000万円以下である者を対象とし、2023年10月1日（インボイス制度の開始）から2026年9月30日の属する課税期間まで適用できることとする。 (注2) 負担軽減措置の適用に当たっては、事前の届け出は求めず、申告時に選択適用できることとする。 (2)中小事業者等に対する事務負担の軽減措置 　基準期間（前々年・前々事業年度）における課税売上高が1億円以下である事業者については、2023年10月1日（インボイス制度の開始）から2029年9月30日までの6年間、1万円未満の課税仕入れについて、インボイスの保存がなくとも帳簿のみで仕入税額控除を可能とする。 (注) なお、基準期間における課税売上高が1億円超であったとしても、前年または前事業年度開始の日以後6カ月の期間の課税売上高が5000万円以下である場合は、本措置の対象とする。	(1)2023年10月1日から2026年9月30日までの日の属する課税期間 (2)2023年10月1日から2026年9月30日までの課税仕入れ (3)2023年10月1日以後の課税資産の譲渡等につき行う売上に係る対価の返還等

	税目	項目	改正前	改正後	適用時期
1	消費税	適格請求書等保存方式（インボイス方式）に係る見直し	(3)少額な返還インボイスの交付義務 　インボイス制度への移行に伴い、インボイスの交付義務とともに、値引き等を行った際にも売り手と買い手の税率と税額の一致を図るために、値引き等の金額や消費税額等を記載した返品伝票といった書類（返還インボイス）の交付義務が課されることとなる。 　この点については、例えば決済の際に、買手側の都合で差し引かれた振込手数料相当額やその他の経費を、売手が「売上値引き」として処理する場合に新たな事務負担になる。 (4)登録申請手続き ①登録申請書の記載事項 　インボイス制度が開始される2023年10月1日から登録を受けるためには、原則として2023年3月31日までに申請書を提出しなければならないが、4月以降であっても申請書に3月31日までの申請が「困難な事情」を記載することで、10月1日に登録したものとみなす措置が設けられている。 ②登録期限 　免税事業者がインボイスの登録申請書を提出し、課税期間の初日から登録を受けようとする場合には、課税期間の初日から起算して1月前の日までに登録申請書を提出しなければならない。この場合において、課税期間の初日後に登録がされたときは、同日に登録を受けたものとみなす。 ③登録取消し期限 　インボイスの登録の取消しを求める届出書を提出し、届出があった課税期間の翌課税期間の初日から登録を取り消そうとする場合には、その提出があった課税期間の末日から起算して30日前の日の前日までに届出書を提出しなければならない。 ④課税期間の途中から登録を受ける場合の経過措置 　免税事業者が2023年10月1日から2029年9月30日までの日の属する課税期間中に登録を受けることとなった場合には、登録日（2023年10月1日より前に登録の通知を受けた場合であっても、登録の効力は登録日から生じることとなる）から課税事業者となる経過措置が設けられている。	(3)少額な返還インボイスの交付義務の見直し 　少額な値引き等（1万円未満）については、返還インボイスの交付を不要とする。 (4)登録申請手続きの柔軟化 ①登録申請書の記載事項 　事業者の準備状況にバラつきがあることや、今般、支援措置が追加されたことも踏まえ、あえて申請書に「困難な事情」の記載を求めることはせず、4月以降の登録申請を可能とする。 ②登録期限 　課税期間の初日から起算して15日前の日までに登録申請書を提出しなければならないこととする。 ③登録取消し期限 　翌課税期間の初日から起算して15日前の日までに届出書を提出しなければならないこととする。 ④課税期間の途中から登録を受ける場合の経過措置 　2023年10月1日以後にインボイスの登録を受けようとする免税事業者は、その登録申請書に、提出する日から15日を経過する日以後の日を登録希望日として記載するものとする。この場合において、登録希望日後に登録がされたときは、登録希望日に登録を受けたものとみなす。	(1)2023年10月1日から2026年9月30日までの日の属する課税期間 (2)2023年10月1日から2029年9月30日までの課税仕入れ (3)2023年10月1日以後の課税資産の譲渡等につき行う売上に係る対価の返還等

自動車重量税の表は下記の通り。

| 2 | 自動車重量税 | エコカー減税の見直し | | 〈2023年5月1日から2023年12月31日まで〉
改正前の制度を据え置く。
〈2024年1月1日から2025年4月30日まで〉 | 2026年4月30日まで |

改正前 〈2021年5月1日から2023年4月30日まで〉

乗用車	減税率	
	1回目車検	2回目車検
電気自動車 燃料電池車 プラグインハイブリッド車 天然ガス自動車	免税	免税
2030年度燃費基準120%達成〜		
2030年度燃費基準90%達成〜	免税	
2030年度燃費基準75%達成〜	▲50%	
2030年度燃費基準60%達成〜	▲25%	

改正後 〈2024年1月1日から2025年4月30日まで〉

乗用車	減税率	
	1回目車検	2回目車検
電気自動車 燃料電池車 プラグインハイブリッド車 天然ガス自動車	免税	免税
2030年度燃費基準120%達成〜		
2030年度燃費基準90%達成〜	免税	
2030年度燃費基準80%達成〜	▲50%	
2030年度燃費基準70%達成〜	▲25%	

	税目	項目	改正前	改正後	適用時期
2	自動車重量税	エコカー減税の見直し		〈2025年5月1日から2026年4月30日まで〉 	2026年4月30日まで

〈2025年5月1日から2026年4月30日まで〉

乗用車	減税率	
	1回目車検	2回目車検
電気自動車 燃料電池車 プラグインハイブリッド車 天然ガス自動車	免税	免税
2030年度燃費基準125%達成〜	免税	
2030年度燃費基準100%達成〜	免税	
2030年度燃費基準90%達成〜	▲50%	
2030年度燃費基準80%達成〜	▲25%	
2030年度燃費基準75%達成〜	本則税率	

	税目	項目	改正前	改正後	適用時期
3	自動車税・軽自動車税	環境性能割の税率区分の見直し	〈2021年4月1日から2023年3月31日まで〉	〈2023年4月1日から2023年12月31日まで〉 改正前の税率区分を据え置く。 〈2024年1月1日から2025年3月31日まで〉	2026年3月31日まで

改正前 〈2021年4月1日から2023年3月31日まで〉

自家用乗用車	税率	
	自動車	軽自動車
電気自動車等 燃料電池車 プラグインハイブリッド車 天然ガス自動車	非課税	非課税
2030年度燃費基準85%達成〜		
2030年度燃費基準75%達成〜	1%	
2030年度燃費基準60%達成〜	2%	1%
上記以外	3%	2%

改正後 〈2024年1月1日から2025年3月31日まで〉

自家用乗用車	税率	
	自動車	軽自動車
電気自動車等 燃料電池車 プラグインハイブリッド車 天然ガス自動車	非課税	非課税
2030年度燃費基準85%達成〜		
2030年度燃費基準80%達成〜	1%	
2030年度燃費基準70%達成〜	2%	1%
上記以外	3%	2%

〈2025年4月1日から2026年3月31日まで〉

自家用乗用車	税率	
	自動車	軽自動車
電気自動車等 燃料電池車 プラグインハイブリッド車 天然ガス自動車	非課税	非課税
2030年度燃費基準95%達成〜		
2030年度燃費基準85%達成〜	1%	
2030年度燃費基準80%達成〜	2%	
2030年度燃費基準75%達成〜		1%
上記以外	3%	2%

	税目	項目	改正前	改正後	適用時期
4		特例（軽課）のグリーン化種別割の見直し	〈2021年4月1日から2023年3月31日まで〉	改正前制度の適用期間を3年（2026年3月31日まで）延長する。	2026年3月31日まで

改正前 〈2021年4月1日から2023年3月31日まで〉

自家用乗用車の特例割合		適用対象車
軽課	75%軽減 （取得翌年度）	電気自動車、燃料電池車、プラグインハイブリッド車、天然ガス自動車
重課	自動車 15%重課 軽自動車 20%重課	ガソリン車（13年超、ハイブリッド車は含まない）、ディーゼル車（11年超）

国際課税

	税目	項目	改正前	改正後	適用時期
1	法人税	グローバル・ミニマム課税への対応	新設	年間連結総収入金額が7.5億ユーロ（約1100億円）以上の多国籍企業が対象。一定の適用除外を除く所得について各国に最低税率15%以上の課税を確保する仕組み。 (1)各対象会計年度の国際最低課税額に対する法人税（国税）（仮称）の創設 ①納税義務者 　内国法人（公共法人は除く。）	2024年4月1日以後に開始する対象会計年度から

税目	項目	改正前	改正後	適用時期
1 法人税	グローバル・ミニマム課税への対応		②課税の範囲 　特定多国籍企業グループ等⁽注⁾に属する内国法人に対して、各対象会計年度の国際最低課税額について、各対象会計年度の国際最低課税額に対する法人税（仮称）を課す。 　（注）対象会計年度の直前の4対象会計年度のうち2以上の対象会計年度の総収入金額が7.5億ユーロ相当額以上である企業グループ等。 ③税額の計算 　各対象会計年度の国際最低課税額に対する法人税（仮称）の額は、各対象会計年度の国際最低課税額（課税標準）に100分の90.7の税率を乗じて計算した金額とする。 ④申告および納付等 　各対象会計年度終了の日の翌日から1年3月（一定の場合には、1年6月）以内に行うものとする。ただし、国際最低課税額（課税標準）がない場合は申告を要しない。 ⑵特定基準法人税額に対する地方法人税（国税）（仮称）の創設 ①課税の範囲 　特定多国籍企業グループ等に属する内国法人の各課税対象会計年度の特定基準法人税額には、特定基準法人税額に対する地方法人税（仮称）を課する。 ②税額の計算 　各課税対象会計年度の特定基準法人税額（課税標準）に907分の93の税率を乗じて計算した金額とする。 ③申告および納付等 　上記⑴と同様。 ⑶情報申告制度の創設 　特定多国籍企業グループ等に属する構成会社等である内国法人は、特定多国籍企業グループ等報告事項等を、各対象会計年度終了の日の翌日から1年3月（一定の場合には、1年6月）以内に、電子情報処理組織を使用する方法（e-Tax）により、納税地の所轄税務署長に提供しなければならない。	2024年4月1日以後に開始する対象会計年度から

納税環境整備

税目	項目	改正前	改正後	適用時期
1 電子帳簿保存法	電子帳簿等保存制度の見直し	⑴優良な電子帳簿に係る過少申告加算税の軽減措置の対象帳簿（所得税・法人税）の範囲 仕訳帳、総勘定元帳その他必要な帳簿（全て） ※「その他必要な帳簿」については、法令に基づき一定の取引に関する事項を記載しなければならないとされている。	⑴対象帳簿の明確化 仕訳帳、総勘定元帳その他必要な帳簿 ※「その他必要な帳簿」については、以下の記載事項に係るもの（補助帳簿）に限ることとする。 〈具体例な補助帳簿〉 イ　手形帳 ロ　売掛帳 ハ　買掛帳 ニ　有価証券受払い簿（法人税のみ） ホ　固定資産台帳 ヘ　繰延資産台帳 ト　売上帳 チ　仕入帳、経費帳（賃金台帳を除く）	⑴2024年1月1日以後に法定申告期限等が到来する国税

218

納税環境整備					
	税目	項目	改正前	改正後	適用時期
1	電子帳簿保存法	電子帳簿等保存制度の見直し	**(2)スキャナ保存** 決算関係書類を除く国税関係書類（取引の相手方から受領した領収書・請求書等）については、以下の要件の下で、スキャナにより記録された電磁的記録の保存により、その書類の保存に代えることを可能とする制度。 （主な要件） ●入力期間の制限 ●一定水準以上の解像度およびカラー画像での読み取り ●タイムスタンプ付与 ●ヴァージョン管理（訂正・削除履歴の確保） ●入力者等情報の確認 ●読み取った際の情報（解像度・階調・大きさ）の保存 ●帳簿との相互関連性 ●検索機能の確保 **(3)電子取引の取引情報に係る電磁的記録の保存制度** ①検索機能の確保の要件 イ 次の要件を充足した検索機能を確保しておく必要 (イ) 取引年月日その他の日付、取引金額および取引先（記録項目）を検索の条件として設定することができること。 (ロ) 日付または金額に係る記録項目については、その範囲を指定して条件を設定することができること。 (ハ) 2以上の任意の記録項目を組み合わせて条件を設定することができること。 ロ ダウンロードの求めに応じることができるようにしている場合には、上記(ロ)・(ハ)の要件が不要となり、さらに「売上高が1000万円以下」である事業者は、全ての検索機能の確保の要件が不要となる。 ②システム対応が間に合わなかった事業者等への対応（経過措置） 所得税・法人税の保存義務者は、電子取引を行った場合には、保存要件に従って、その電子取引の取引情報に係る電磁的記録（データ）を保存しなければならないこととされている。 〈経過措置〉 2023年12月31日までに電子取引を行う場合には、事実上、電子取引の取引情報に係るデータを出力することにより作成した出力書面の保存をもって、そのデータの保存に代えることができることとされている。	**(2)スキャナ保存の簡素化** ①国税関係書類をスキャナで読み取った際の情報（解像度・階調・大きさ）の保存を不要とする。 ②国税関係書類に係る記録事項の入力（読み取り）を行う者等の情報の確認を不要とする。 （電子取引についても同様） ③帳簿の記録事項との間に、相互にその関連性を確認することができるよう求める書類を重要書類(注)に限定する。 (注) 重要書類：資金や物の移動に直結・連動する書類。 (例) 契約書、領収書、納品書、請求書など 一般書類：重要書類以外の書類。 (例) 見積書、注文書、検収書など **(3)電子取引の取引情報に係る電磁的記録の保存制度の見直し** ①検索機能の確保の要件 イ ダウンロードの求めへの対応を前提に全ての検索機能の確保の要件が不要となる。左記③(3)①ロの売上高基準を5000万円以下に引き上げる。 ロ データを出力することにより作成した書面（整然とした形式および明瞭な状態で出力され、取引年月日その他の日付および取引先ごとに整理されたものに限る）の提示・提出の求めおよびそのデータのダウンロードの求めに応じることができるようにしているときは、検索機能の確保の要件を充足しているものとする（左記(3)①イ(イ)～(ハ)の検索要件の確保を不要とする）。 ②システム対応が間に合わなかった事業者等への対応（経過措置）の見直し 改正前の経過措置（2022年度税制改正）は、適用期限（2023年12月31日）の到来をもって廃止。 システム対応を相当の理由により行うことができなかった事業者については、従前行われていた出力書面の保存に加え、データのダウンロードの求めに応じることができるようにしておけば、検索機能の確保の要件等を不要としてそのデータの保存を可能とする新たな猶予措置を整備する。 〈要件〉 ●税務署長が相当の理由があると認める場合（保存義務者の手続きは不要） ●出力書面の提示・提出およびデータのダウンロードの求めに応じることができるようにしておくこと	(2)2024年1月1日以後に保存が行われる国税関係書類 (3)2024年1月1日以後に行う電子取引の取引情報に係る電磁的記録

	税目	項目	改正前	改正後	適用時期

2　国税通則法　加算税制度の見直し

改正前：

〈無申告加算税〉

		通常	加重	
原則	15%	納税額（増差税額）が50万円超の部分	＋5％（20%）
		過去5年以内に無申告加算税（更正・決定予知によるもの）または重加算税が課されたことがある場合	＋10%（25%）
調査通知後、決定等予知前に期限後申告した場合	10%	納税額（増差税額）が50万円超の部分	＋5％（15%）
調査通知前に決定等を予知しないで期限後申告または修正申告した場合		5％	

〈重加算税（無申告）〉

	通常	加重
仮装・隠蔽	40%	過去5年以内に無申告加算税または重加算税が課されたことがある場合 ＋10%（50%）

改正後：

(1)高額な無申告に対する無申告加算税の割合の引き上げ

納税額（増差税額）が300万円を超える部分の無申告加算税の割合を30%（25%）に引き上げることとする。ただし、高額無申告を発生させたことについて納税者の責めに帰すべき事由がない場合（注）には適用しないこととする。

(注)例えば、相続財産案で、本人に帰責性がない場合（他の相続人の財産が事後的に発覚した場合）。

		通常	加重	
原則	15%	納税額（増差税額）が50万円超300万円以下の部分	＋5％（20%）
		納税額（増差税額）が300万円超の部分	＋15%（30%）
調査通知後、決定等予知前に期限後申告した場合	10%	納税額（増差税額）が50万円超300万円以下の部分	＋5％（15%）
		納税額（増差税額）が300万円超の部分	＋15%（25%）

(2)一定期間繰り返し行われる無申告行為に対する無申告加算税等の加重措置の追加

前年度および前々年度の国税について、無申告加算税（注2）または無申告重加算税を課される者が行うさらなる無申告行為に対して課される無申告加算税（注2）または無申告重加算税を10%加重する措置を追加する。

※ 過去5年以内に無申告加算税等を課された者が再び「無申告または仮装・隠蔽」に基づく修正申告書の提出等を行った場合に課される無申告加算税の加重措置のいずれかが適用。

(注1) 過少申告加算税、不納付加算税および重加算税（過少・不納付）については、上記の見直しの対象外。

(注2) 調査通知がある前に申告が行われた場合に課される無申告加算税については、上記の見直しの対象外。

適用時期：2024年1月1日以後に法定申告期限が到来する国税

検討事項

	税目	項目	改正前	改正後	適用時期

1　法人税・所得税・たばこ税　防衛力強化に係る財源確保のための税制措置

改正前：

〈参考：復興特別所得税〉

2013年から2037年まで（25年間）の各年分について、基準所得税額に対して2.1%の復興特別所得税を負担する。

改正後：

わが国の防衛力の抜本的な強化を行うに当たり、歳出・歳入両面から安定的な財源を確保する。税制部分については、2027年度に向けて複数年かけて段階的に実施することとし、2027年度において、1兆円強を確保する。具体的には、法人税、所得税およびたばこ税について、以下の措置を講ずる。

(1)法人税

法人税額に対し税率4～4.5%の新たな付加税を課す。

中小法人は課税標準となる法人税額から500万円を控除することとする。

(2)所得税

所得税額に対し、当分の間、税率1%の新たな付加税を課す。

復興特別所得税の税率を1%引き下げる（従って、1.1%となる）とともに、課税期間を延長する。

(3)たばこ税

3円/1本相当の引き上げを段階的に実施する。

適用時期：2024年以降の適切な時期

（資料２）2024年度速算表

●所得税の速算表

課税総所得金額		税率	控除額
万円超	万円以下	％	万円
～	195	5	－
195 ～	330	10	9.75
330 ～	695	20	42.75
695 ～	900	23	63.6
900 ～	1,800	33	153.6
1,800 ～	4,000	40	279.6
4,000 ～		45	479.6

●住民税の速算表

課税総所得金額	税率	控除額
一律	10％	－

●公的年金等控除額

		公的年金等に係る雑所得以外の所得に係る合計所得金額		
		1,000万円以下	1,000万円超 2,000万円以下	2,000万円超
公的年金等の収入金額	130（330）万円以下	60（110）万円	50（100）万円	40（90）万円
	130（330）万円超 410万円以下	公的年金等の収入金額×25％＋27.5万円	公的年金等の収入金額×25％＋17.5万円	公的年金等の収入金額×25％＋7.5万円
	410万円超 770万円以下	公的年金等の収入金額×15％＋68.5万円	公的年金等の収入金額×15％＋58.5万円	公的年金等の収入金額×15％＋48.5万円
	770万円超 1,000万円以下	公的年金等の収入金額×5％＋145.5万円	公的年金等の収入金額×5％＋135.5万円	公的年金等の収入金額×5％＋125.5万円
	1,000万円超	195.5万円	185.5万円	175.5万円

※カッコ内は65歳以上の者の場合に適用。

●給与所得控除額

給与収入金額		給与所得控除額
万円超	万円以下	
～	180	収入金額×40％－10万円（55万円に満たないときは55万円）
180 ～	360	収入金額×30％＋8万円
360 ～	660	収入金額×20％＋44万円
660 ～	850	収入金額×10％＋110万円
850 ～		195万円

●相続税の速算表

法定相続分に応ずる取得金額		税率	控除額
	1,000万円以下	10%	−
1,000万円超	3,000万円以下	15%	50万円
3,000万円超	5,000万円以下	20%	200万円
5,000万円超	1億円以下	30%	700万円
1億円超	2億円以下	40%	1,700万円
2億円超	3億円以下	45%	2,700万円
3億円超	6億円以下	50%	4,200万円
6億円超		55%	7,200万円

●贈与税の速算表

基礎控除後の課税価格		特例贈与財産		一般贈与財産	
		税率	控除額	税率	控除額
	200万円以下	10%	−	10%	−
200万円超	300万円以下	15%	10万円	15%	10万円
300万円超	400万円以下	15%	10万円	20%	25万円
400万円超	600万円以下	20%	30万円	30%	65万円
600万円超	1,000万円以下	30%	90万円	40%	125万円
1,000万円超	1,500万円以下	40%	190万円	45%	175万円
1,500万円超	3,000万円以下	45%	265万円	50%	250万円
3,000万円超	4,500万円以下	50%	415万円	55%	400万円
4,500万円超		55%	640万円	55%	400万円

●普通法人における法人税の税率表

	課税所得金額の区分	税率
資本金または出資金1億円超の法人および一定の法人	所得金額	23.2%
その他の法人	年800万円以下の所得金額からなる部分の金額	15%
その他の法人	年800万円超の所得金額からなる部分の金額	23.2%

2024年度版
金融業務2級　税務コース試験問題集

2024年6月6日　第1刷発行

編　者　一般社団法人　金融財政事情研究会
　　　　　　　　　　　　検定センター
発行者　　　　　　　　　加藤　一浩

〒160-8519　東京都新宿区南元町19
発 行 所　一般社団法人　金融財政事情研究会
販 売 受 付　TEL 03(3358)2891　FAX 03(3358)0037
　　　　　　URL https://www.kinzai.jp

本書の内容に関するお問合せは、書籍名およびご連絡先を明記のうえ、FAXでお願いいたします。　お問合せ先　FAX 03(3359)3343
本書に訂正等がある場合には、下記ウェブサイトに掲載いたします。
https://www.kinzai.jp/seigo/

ISBN978-4-322-14530-4